KB045474

생각이
크는
인문학

도덕

생각이 크는 인문학_도덕

지은이 박민관
그린이 이진아

1판 1쇄 발행 2013년 3월 17일
1판 11쇄 발행 2023년 12월 1일

펴낸이 김영곤
키즈사업본부장 김수경
에듀3팀 이영애 박시은
아동마케팅영업본부장 변유경
아동마케팅1팀 김영남 황혜선 이규림 정성은 손용우
아동마케팅2팀 임동렬 이해림 최윤아
아동영업팀 강경남 오은희 김규희 황성진 양슬기
디자인팀 이찬형

펴낸곳 (주)북이십일 을파소
출판등록 2000년 5월 6일 제406-2003-061호
주소 (우 10881) 경기도 파주시 회동길 201(문발동)
연락처 031-955-2100(대표) 031-955-2177(팩스)
홈페이지 www.book21.com

ⓒ 박민관, 2014

ISBN 978-89-509-5468-0 43190

책 값은 뒤표지에 있습니다.

이 책 내용의 일부 또는 전부를 재사용하려면 반드시 (주)북이십일의 동의를 얻어야 합니다.
잘못 만들어진 책은 구입하신 서점에서 교환해 드립니다.

• 제조자명 : (주)북이십일
• 주소 및 전화번호 : 경기도 파주시 회동길 201(문발동) / 031-955-2100
• 제조연월 : 2023.12.
• 제조국명 : 대한민국
• 사용연령 : 8세 이상 어린이 제품

생각이 크는 인문학

④ 도덕

글 박민관 **그림** 이진아

을파소

목차

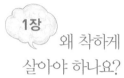

설마...약쪽을
잊지는 말라고!

꼬르륵~

착한 사람이 손해를 보는 시대에
도덕 공부의 의미

도덕을 공부한다는 것은 매우 어려운 일입니다. 도대체 무슨 말인지 모르겠는 알쏭달쏭한 주장이나, 발음하기도 힘든 옛날 철학자와 사상가들의 이름이 줄줄이 나오는 아주 골치 아프고 어려운 공부이지요. 하지만 이런 것보다 더 도덕 공부를 어렵게 하는 것은 사람들이 도덕이나 도덕 공부에 대해 부정적으로 생각한다는 것입니다.

　많은 이들이 착한 사람은 손해를 본다고 생각합니다. 도덕을 공부하는 가장 중요한 이유가 도덕적으로 착한 사람이 되기 위해서인데, 착한 사람이 손해를 본다면 도덕은 공부를 하지 않는 게 낫겠지요. 국어, 영어, 수학 등… 학교에서 배우는 모든 학문은 모두 열심히 공부하면 할수록 이익인데, 도덕은 공부할수록 손해를 보게 만든다니 참으로 이상한 일이 아닐 수 없어요.

도덕이 이익이 되느냐의 문제는 아주 오래전부터 많은 사람들의 관심사였습니다. 중국의 역사학자 사마천은 "착한 사람으로 유명한 백이와 숙제는 수양산에서 고사리를 캐어 먹다 굶어 죽었는데, 사람을 죽여 그 고기를 씹어 먹는 천하의 악당인 도척은 오래오래 살았다. 하늘의 도리는 옳은 것인가 그른 것인가?"라고 한탄했고, 고대 그리스의 철학자 소크라테스는 "정의는 강한 자의 이익일 뿐이며, 보통 사람에게는 손해이다"라고 주장하는 트라시마코스라는 강적을 만나 힘들게 싸워야 했지요.

그럼에도 대부분의 철학자와 사상가들은 도덕이란 이익과 손해를 따지지 말고 마땅히 익혀야 하는 것이라는 고리타분한 말을 해 왔어요. 하지만 오늘날에는 그들의 말을 따라 도덕적으로 살아야 한다고 주장하는 사람은 시대에 뒤처진다고 여기는 경우가 더 많아요. 경쟁과 결과가 중요한 현대 시대에 도덕은 고리타분한 학문일 뿐이지요.

그런데요, 그 오랜 시간 동안 도덕에 대해 논의해 왔던 어떤 철학자나 사상가도 도덕적으로 살지 말자거나, 도덕 공부를 하지 말자는 사람은 없었어요. 왜 그럴까요?

많은 사람들이 오해하는 것과 달리 도덕적으로 착하게

사는 것은 결코 손해가 아니에요. 도덕 공부야말로 국어나 영어, 수학보다 세상을 살아가는 데 훨씬 더 도움이 된답니다. 이 책에서는 도덕적으로 사는 것이 어떻게 도움이 되는지 왜 도덕적으로 살아야 하는지에 대해 다루고 있어요. 그 과정에서 알쏭달쏭한 사상을 주장한 철학자나 애매한 용어도 등장하지요. 하지만 그런 것들을 줄줄 외우는 것은 전혀 중요한 일이 아닙니다. 그것보다는 '왜 올바르게 사는 것이 중요한가'에 대한 해답을 찾아내는 것이 더욱 중요해요. 이 책을 통해 도덕을 공부하는 의미에 대해 생각해 보는 시간을 가지길 바랍니다.

2014

박민관

착하게 살면 잘살게 되나요?

어릴 때 읽은 동화 속 인물 중 가장 착한 사람은 누구였나요? 심청이나 신데렐라, 콩쥐 등 여러 후보가 있지만 많은 사람들이 흥부를 꼽을 거예요. 흥부는 부모에게 효도하고, 어른을 존경하며, 이웃과는 화목하게 지내고, 친구에게는 신의가 있는 사람이지요. 착한 사람이라면 이 정도는 당연하다고 생각할 수 있겠지만 흥부가 했던 행동을 자세히 살펴보면 정말 놀라워요.

굶는 사람에게 자기 밥을 나누어 주고, 추위에 떨고 있는 사람에게 자기가 입던 옷을 벗어 주기도 하고, 무거운 짐을 진 어른을 보면 대신 짐을 지고 가기도 했어요. 또 비가 많이 와서 개울이 넘치면 사람들을 업어서 건너 주고, 남의 집에 불이 나면 위험을 무릅쓰고 뛰어들어 물건을 꺼내 주었답니다. 모함을 받는 사람을 나서서 변호해 주기도 하고, 길 잃은 어린아이를 보면 부모를 찾아 주기 위해 뛰어다니거나, 여행 와서 병이 든 사람이 있으면 대신 집을 찾아가 소식을 전해 주기도 했지요.

홍부는 이렇게 어려움에 처한 이웃을 돕는 착한 행동을 많이 했는데 그 결과는 어땠나요? 돈은 벌지 않고 남 돕는 일에만 열심이었다고 형 놀부에게 미움을 받아 쫓겨나고 말았죠. 간신히 남이 버린 허름한 집에 들어가 살았는데, 집이 너무 낡아 비가 새고, 밤에는 별이 보이는 집이었어요. 끼니때가 되어도 밥을 먹기보다 굶는 일이 더 많아 홍부 본인은 물론 부인과 자식들까지 배를 굶아야 했어요. 이런 홍부의 모습을 보면 착하게 산다는 것이 과연 좋은 일인지 고민되지 않나요?

동화나 옛이야기에 등장하는 인물을 보면 착하게 사는 사람이 결코 잘사는 것은 아닌 것 같아요. 콩쥐는 욕심 많은 팥쥐에게 항상 괴롭힘을 당했고, 신데렐라도 매일매일 계모와 언니들이 시키는 일만 해야 했지요.

물론 모든 이야기는 행복하게 되었다는 것으로 끝이 나요. 홍부는 제비가 준 박씨로 큰 집과 많은 재산을 얻어 부자가 되었고, 신데렐라는 왕자와, 콩쥐는 원님과 결혼해서 행복하게 살았지요. 이런 것을 보면 '착한 일을 하는 사람

은 하늘에서 복을 주고, 나쁜 일을 하는 사람은 하늘이 벌을 준다'라는 옛 사람들의 말씀이 옳은 것 같기도 해요. 하지만 이런 행복을 얻기 위해 착한 사람이 겪어야 하는 고통이 너무 큰 것은 아닐까요?

벌을 받지 않는다면 마음대로 살아도 될까요?

그렇다면 왜 나쁜 짓을 하지 않고 착하게 살아야 할까요? 흥부만큼 착하게 사는 것은 힘들더라도 대부분의 사람들이 나쁜 짓을 하면 안 된다는 생각을 할 거예요. 착하게 살면서 손해 보는 것은 싫지만 그렇다고 나쁜 짓도 해선 안 된다고 생각하지요.

아마도 그 이유는 나쁜 일을 하다 걸리면 벌을 받기 때문인 것 같아요. 그런데 만약 나쁜 일을 해도 걸리지 않는다면 어떨까요? 해리포터가 투명 망토를 입은 것처럼 무슨 일을 해도 들키지 않는다는 보장이 된다면 과연 나쁜 일을 하지 않고 착하게 살아갈 수 있을까요?

아주 옛날 리디아라는 나라에 착하고 성실한 '기게스'라는 목동이 있었어요. 어느 날 기게스가 양떼를 데리고 풀을 먹이고 있는데 갑자기 커다란 지진이 일어나 땅이 갈라지며 커다란 동굴이 생겼어요. 호기심이 생겨 동굴 속으로 들어간 기게스는 커다란 거인의 해골을 발견했고, 거인의 손가락에 끼워져 있는 반짝이는 금반지를 빼서 밖으로 가지고 나왔어요. 그런데 이 반지는 투명인간으로 만들어 주는 신기한 물건이었어요.

여러분은 이런 반지가 생긴다면 무슨 일을 할 건가요? 기게스는 이 반지를 이용해 몰래 왕궁에 들어가 왕비를 유혹하고, 왕을 암살한 후 스스로 왕위에 올랐어요.

착하고 성실했던 기게스가 이렇게 나쁜 일을 저지른 것은 무슨 짓을 해도 들키지 않는 반지를 갖게 되었기 때문이에요. 만약 그가 이 반지를 발견하지 않았다면, 아마도 아주 착하고 성실한 목동으로 평생 열심히 일하면서 살았겠지요.

착하게 살면 누구에게 좋을까요?

착하게 살면 누구에게 좋을까요? 앞의 이야기처럼 벌을 받지 않는다는 점이나 복을 받는다는 점에서는 착하게 산 본

인에게 이익이 되겠지요.

하지만 고대 그리스의 철학자 트라시마코스[*]는 그렇게 생각하지 않았어요. 착하게 살면 그 사람만 손해라고 했죠. 왜냐하면 '정의는 강자의 이익'이기 때문이라는 거예요. 트라시마코스에 따르면 사람들이 지키고 살아야 할 도덕이나 법은 권력을 차지한 사람들이 만드는데, 권력을 잡은 사람들은 이런 규율을 만들 때 자신들에게 유리하게 만든다는 것이죠. 따라서 착하게 사는 것은 본인이 아니라 권력자들에게 좋은 일이라고 주장했어요.

★ 트라시마코스(Thrasymachus) 고대 그리스의 철학자이다. 플라톤의 대화편인 『국가』에서 정의는 강자의 이익이라는 주장을 펼치다가 소크라테스에게 반박당한다.

트라시마코스는 이 주장을 뒷받침하기 위해 양치기가 양을 돌보는 것에 비유했어요. 양치기가 양을 돌보는 것은 양이 귀엽거나 가여워서가 아니라, 양털을 얻고 양고기를 얻기 위해서이죠. 그러니 양의 입장에서 본다면, 도망가지 않고 양치기가 시키는 대로 착하게 따라가는 것은 자기 자신에게 좋은 것이 아니라 양치기에게 좋은 일을 하는 것이지요. 여기서 양은 힘이 약한 사람이고, 양치기는 힘이 있는 강자예요. 양이 양치기에게 털을 빼앗기고, 목숨마저 내놓아야 하는 것처럼 착하게 사는 사람은 항상 손해를 보고,

강자에게 희생당한다는 것이지요.

그것도 모르고 착한 사람들은 양치기의 말을 잘 따르는 순진한 양처럼 힘이 있는 사람들이 착한 행동이라고 정해 놓은 대로 살아요. 반면에 힘이 있는 강자들은 자신들의 입맛에 맞게 도덕과 법을 정해 놓고도 그것을 지키지 않고, 강제로 남의 것을 빼앗고 훔치면서 이익을 취한다는 것이 트라시마코스의 주장이에요.

실제로 역사에서는 이런 경우가 많았어요. 조선시대 박지원*이 쓴 「양반전」의 일부를 읽고 다시 이야기해 볼까요?

> ✦ 박지원(1737~1805) 『열하일기』 『연암집』 『허생전』 등을 쓴 조선 후기 실학자 겸 소설가이다. 명문가 출신의 양반이지만 「양반전」에서 시대와 양반을 비판했고 자유로운 문체로 여러 편의 한문 소설을 발표했다. 「양반」은 『연암집』의 단편소설집인 『방경각외전』에 실려 있다.

하늘이 백성을 낳을 때 가장 높은 것이 곧 양반이다. 양반은 아주 좋아서 농사도 안 짓고 장사도 안 하고 공부만 조금 하면 크게는 과거에 급제하여 관리가 될 수 있고, 작게는 진사가 될 수 있다. 양반은 이웃의 소를 강제로 끌어와 먼저 자기의 땅을 갈 수 있고, 마을의 일꾼들을 잡아다가 자기 논에서 일을 시킨다 해도 아무도 욕을 할 수 없다. 마음에 들지 않으면 코에 잿물을 들이붓고 머리끄덩이를 잡아 돌리고, 수염을 잡아당기더라도 원망하지 못할 것이다.

– 「양반전」, 박지원

이 부분은 양반의 행동을 설명한 부분인데, 양반의 행동이 '도둑놈' 못지않아요. 아마 당시 양반 중에 그런 사람이 많았기 때문이겠지요.

독일의 철학자 니체*도 트라시마코스와 비슷한 주장을 펼쳤어요. 니체도 남에게 피해를 주지 않고 주어진 삶을 살아가는 '착한 사람'을 비판했어요. 사회 규범에 맞춰 착하게 살아가는 도덕은 '노예의 도덕'이라는 것이지요.

반면, 자기 스스로 선과 악을 판단하고, 스스로 옳다고

> ✱ 니체(Nietzsche, 1844 ~1900) 독일의 시인이자 철학자이다. 허무주의와 실존주의의 선구자로 후세에 큰 영향을 끼쳤다. 대표작으로 『차라투스트라는 이렇게 말했다』『비극의 탄생』 등이 있다.

생각하는 것을 위해 목숨을 걸고 노력하는 주체적인 모습이 고귀한 인간의 진정한 모습이라고 생각했지요. 이렇게 살 때 스스로 자기 삶의 '주인'이 될 수 있고, 이것이야말로 '주인의 도덕'이라 했어요.

다른 사람이 시키는 대로 살고, 다른 사람들이 옳다고 정해 놓은 것을 아무런 비판 없이 따르려고만 하는 것은 마치 주인이 시키는 대로 일하는 '노예'이거나 양치기가 이끄는 대로 따라가는 '순한 양'과 같은 모습이겠지요. 니체는 사람들이 노예의 도덕을 따르는 이유는 현재 자신들의 삶을 유지하고 안전하게 살기 위해서라고 생각했어요. 그러려면 위험한 일이 일어나지 않도록 모든 것을 평준화해야 하는데, 이렇게 만들어진 것이 도덕규범이라는 것이지요.

니체의 말이 모두 옳은 것은 아니지만, 수동적인 도덕에 대한 비판은 여전히 큰 의미를 갖고 있습니다. 예를 들어 가수가 되길 원하는 학생의 부모가 그의 꿈을 반대하고 안정적인 생활을 할 수 있는 직업을 강요한다면 이 학생은 어떻게 해야 할까요? 부모님의 말씀을 잘 따라야 착한 학생이니 자신의 꿈을 접고 부모님의 말씀을 들어야 할까요? 아니면 자신의 꿈을 이루기 위해 주체적으로 행동해야 할까요?

아마도 니체라면 이런 상황에서는 자기 삶의 주인으로서 자신의 꿈을 좇아야 한다고 하겠지요. 자기 삶의 주인으로서 주체적인 인간으로 살아가야 한다는 니체의 말은 오늘날에도 많은 사람들에게 큰 영향을 끼치고 있지요.

내가 하고 싶은 대로 하면 행복할까요?

옛날 중국, 요임금이 천하를 다스릴 때 제후였던 백성자고는 스스로 제후 자리에서 물러나 농사를 지으며 살았어요.

> ★ 우왕(禹王) 고대 중국 하왕조의 시조이다. 황하의 홍수를 다스린 것으로 유명하고, 이때부터 자손에게 왕위를 세습하는 전통이 생겨났다.

반면 우왕★은 자기 몸도 돌보지 않고 백성들을 위해 밤낮으로 열심히 일한 까닭에 그만 병에 걸리고 말았지요. 이 두 사람 중에 누가 더 행복한 사람일까요?

옛날 중국의 철학자인 양주(楊朱)는 착하고 성실하게 살다가 불행하게 된 우왕을 어리석다고 생각했어요.

양주는 '내 몸의 털을 하나 뽑아서 세상을 구할 수 있다 해도 절대 뽑지 않겠다'는 일모불발(一毛不拔)을 주장한 극단적인 이기주의자예요.

이기주의는 자기 자신의 이익만을 위하고, 다른 사람들의 이익은 생각하지 않는 태도를 말해요. 한마디로 나만 좋으면 된다는 생각인 것이죠.

자신의 감정에 충실하다는 의미에서 이기주의는 개인의 만족이나 욕망의 충족을 중요하게 생각하는 쾌락주의와도 일맥상통한다 할 수 있어요.

쾌락주의는 쾌락이 우리의 삶에서 추구해야 하는 유일한 가치이며 목표라고 주장하는 사상이에요. 쾌락주의에서는 많은 쾌락을 누리고 사는 것이 행복이라고 생각했어요.

아마도 학생들에게 자고 싶을 때 자고, 놀고 싶을 때 놀

내 몸에 털 하나라도 뽑아줄까 보냐!

흥!

난 하도 뽑아서 탈모가 될 지경인데… 진짜 이기적이네.

수 있다면 행복하지 않겠느냐고 묻는다면 아마도 많은 학생들은 그렇게 살면 행복할 것이라고 대답할 거예요. 이렇게 생각하면 쾌락주의만큼 좋은 건 없어 보여요.

하지만 쾌락주의에는 아주 중요한 문제가 있어요. 어떤 것이 '쾌락'이냐는 문제이지요. 많은 학생들이 컴퓨터 게임을 재미있는 오락이라고 생각해요. 그러면 컴퓨터 게임을 하는 것은 쾌락이라고 부를 수 있겠죠. 하지만 컴퓨터 게임을 싫어하는 사람들에게도 쾌락일까요? 혹은 컴퓨터 게임을 하는 것이 직업인 프로 게이머들은 어떨까요? 맛있는 음식을 먹는 것은 즐거운 일이며 쾌락이겠지요. 하지만 배가 불러 터질 것 같은데 음식을 더 먹어야 할 때도 그럴까요?

이처럼 쾌락이 좋은 것이라는 데에는 모두 동의하지만, 어떤 것이 쾌락인지는 사람들마다 생각이 다른 것 같아요. 쾌락이 어떤 것인지 조금 더 구체적으로 살펴볼까요?

쾌락은 종류에 따라 크게 두 가지로 나눌 수 있어요. 하나는 잠을 자는 것이나 맛있는 음식을 먹는 것과 같은 육체적인 욕구를 만족시키는 것을 쾌락이라고 생각하는 '감각적 쾌락주의'예요. 감각적 쾌락주의에서 생각하는 쾌락은 대부분 자기 자신의 욕구를 충족시키는 쾌락이지요. 다른 사람이 맛있는 음식을 먹는 것, 혹은 다른 사람이 달게 잠을 자는 것을 자기의 쾌락이라고 생각하는 사람은 없을 거예요. 이런 점에서 나를 위한 쾌락이라고 해서 이기주의적인 쾌락주의라고 하기도 해요. 따라서 감각적 쾌락주의에서는 쾌락을 추구할 때 다른 사람을 생각하거나 다른 사람에게 피해를 입히는 것을 걱정하지 않아요. 심지어는 다른 사람의 것을 빼앗더라도 나의 쾌락을 추구하려고 하지요. 강도나 도둑들이 자기 욕심 때문에 다른 사람의 물건을 훔치거나 빼앗으려 할 때처럼, 감각적 쾌락주의자들은 규범이나 도덕 같은 것들은 무시하고 쾌락을 추구하려고 하기 때문에 이들을 비도덕적이라고 하는 경우가 많아요.

즉, 감각적 쾌락주의는 이기주의적이고 비도덕적이에요. 그렇기 때문에 이렇게 살려고 하는 사람들은 다른 사람들에게 손가락질을 당하거나 심지어 처벌을 받기도 하죠. 그런데 사람들에게 비난받거나 처벌받는 삶이 행복하다고 할 수 있을까요? 이처럼 감각적 쾌락은 그럴듯해 보이지만 아주 위험하고, 문제가 많은 사상이에요.

다른 하나는 '정신적 쾌락주의'예요. 정신적 쾌락주의는 감각적이고 육체적인 욕구 충족은 쾌락이라고 생각하지 않아요. 대표적인 정신적 쾌락주의자인 고대 그리스의 철학자 에피쿠로스*에 따르면 쾌락은 고통이 없는 상태입니다. 즉, 정신적 쾌락주의에서 쾌락이란 맛있는 음식을 먹는 욕구 충족에서 오는 것이 아니라, 배고픈 고통이 없는 상태에서 누릴 수 있는 것이지요. 만약 에피쿠로스가 PC방에서 게임에 몰두하느라 잔뜩 흥분한 학생들을 본다면 아마도 혀를 끌끌 차면

★ 에피쿠로스(Epikuros) 헬레니즘 시대의 그리스 철학자이다. 아테네에 학교를 세우고 '정원학교'라 불렀다.
★ 아타락시아(ataraxia) 잡념에 사로잡히지 않고 동요가 없이 고요한 마음의 상태를 말한다. 에피쿠로스의 철학에서 이것은 행복의 필수 조건이며 철학의 궁극적인 목표이다.

서 불쌍하다고 생각할 거예요. 그리고 게임에 관심 없는 학생들이 더 행복하다고 생각하겠지요. 에피쿠로스에게 쾌락은 흥분되지도 않고, 불안하지도 않고, 걱정이나 근심이 없는 평온한 마음의 상태, 즉 아타락시아*에서 오는 것이에요. 그리고 이것이 그가 생각하는 행복이지요.

불안이나 걱정과 근심이 없으려면 어떻게 해야 할까요? 물론 돈이 없어서 밥을 굶어야 하거나 잘 곳이 없어서 걱정하는 가난도 불안과 근심이겠지만, 나를 싫어하거나 미워하는 사람이 있다면 아무리 돈이 많아도 항상 마음이 불편하지 않을까요? 그래서 에피쿠로스와 같은 정신적 쾌락주의자는 자기 마음대로 살아서는 안 되고, 남의 미움을

받지 않도록 도덕적으로 착하게 살아야 한다고 생각했어
요. 그래야 불안과 걱정 없이 행복하게 살 수 있기 때문이
지요.

동화나 옛이야기의 주인공은 항상 흥부나 신데렐라처럼 착한 사람이었어요. 부모에게 효도하고, 이웃들과 착하게 지내고, 때로는 다른 사람을 위해 희생하는 것이 항상 주인공의 역할이었지요. 이런 이야기에서 나쁜 짓을 하는 악당은 언제나 물리쳐야 하는 대상이지요. 하지만 언제나 그런 것은 아니랍니다. 때로는 악당이 주인공이 되고, 심지어 행복하게 사는 이야기도 있어요.

찰스 디킨스의 작품 「크리스마스 캐럴」에 등장하는 구두쇠 '스크루지'와 옛이야기 속의 '옹고집'도 악당이라고 하면 빠질 수 없는 인물이지요. 스크루지는 빈틈없는 장사꾼이고 성실한 사람이었지만 자신 말고 다른 사람은 손톱만큼도 관심이 없는 사람이에요. 따뜻한 마음으로 크리스마스를 축하하는 가난뱅이 조카를 비웃고, 월급도 적게 주면서 실컷 부려먹기만 했어요. 크리스마스를 맞아 고아원과 양로원에 기부를 청하는 신사들도 쫓아버리지요. 이런 그의 모습은 마치 한겨울에도 돈이 아까워 늙은 어머니의 방에 불을 때지 않고, 동냥을 하러 온 거지를 매로 쫓아내는 옹고집의 모습과 닮았지요.

하지만 스크루지도 옹고집도 벌을 받고 자신의 죄를 뉘우치지요. 이런 것을 개과천선(改過遷善)이라고 해요. 잘못을 고치고 착한 사람이 된다는 뜻이지요. 악당들이 꼭 불행해지는 것은 아니에요. 그들도 흥부나 신데렐라처럼 행복해질 수 있어요. 단, 잘못을 고치고 새사람이 되었을 경우에 말이에요.

최근 가장 유명한 악당 주인공은 '슈렉'입니다. 못생기고 뚱뚱하고 힘만 세고, 사람에게 겁을 주는 괴물 슈렉이 주인공으로 등장했을 때 많은 사람들은 크게 놀랐어요. 만화영화의 주인공은 항상 착해야 한다는 사람들의 믿음을 확 깨 버렸으니까요.

성 밖의 늪지대에서 혼자 살던 슈렉은 동화 속 주인공들을 겁을 주어 쫓아내고 또 트림이나 방귀 등 사람들이 조심스러워하는 행동을 거침없이 하는 악당이지요. 그러던 어느 날 악독한 영주가 쫓아낸 동화 속 주인공들이 자신만의 안식처인 늪지대로 몰려오는 바람에 골치를 썩이게 됩니다. 갈수록 일이 꼬여 쉴 새 없이 떠드는 수다쟁이 당나귀 동키와 함께 피오나 공주를 구하게 되지요. 처음에는 억지로 시작한 일이었지만, 슈렉은 피오나 공주를 사랑하게 되어 결혼해서 행복하게 사는 것으로 이야기는 끝이 나요.

만화영화 슈렉의 교훈은 무엇일까요? 구두쇠 스크루지와 옹고집이 벌을 받고 새사람이 된 것처럼, 슈렉도 새사람이 되었어요. 혼자 살던 슈렉이 동키와 피오나 공주를 만나 함께 살아가는 방법을 배우게 된 것이죠.

우리가 착하게 살아야 하는 것은 무엇보다 우리가 혼자가 아니기 때문이에요. 우리 주위에는 우리가 사랑하는 부모님, 친구들, 이웃들이 있지요. 그들과 함께 살아가야 하기에 우리는 착하게 살아야 하는 것이지요.

2장

어떤
행동이
착한 행동일까요?

나쁜 행동과 착한 행동은 정해져 있나요?

★ 장자(莊子, 기원전 369년
~기원전 289년경) 중국 전
국시대 송나라 사람으로 제
자백가 중 도가의 대표 사
상가이다.
★ 혜시(惠施, 기원전 370
년경~기원전 309년경) 중
국 전국시대 송나라의 사상
가이다. 명가에 속하는 학자
로 장자와 같은 시대의 사람
이다.

옛날 중국의 철학자인 장자*와 혜시*
는 서로 많이 달랐지만 친한 친구이기
도 했습니다. 어느 날 혜시는 장자의 아
내가 죽었다는 소식을 듣고 장자의 집
으로 달려갔어요. 친한 친구의 아내이
기도 했지만, 혜시가 어려운 시절에 장
자의 아내에게 도움을 많이 받았기 때
문에 마치 자신의 아내가 죽은 듯 매우
슬퍼했지요. 그런데 이게 어찌된 일인지, 장자는 마당에서
두 다리를 쭉 뻗고 앉아 큰 항아리를 북처럼 두드리며 노래
를 부르고 있는 게 아니겠어요. 장자의 이상한 행동에 크
게 화가 난 혜시는 장자에게 따져 물었지요.

"이 친구야, 평생 함께 살면서 자식도 낳아 기른 부인이

죽었는데 슬퍼서 울기는커녕 항아리를 두드리며 노래를 부르다니, 너무 심하지 않은가. 혹시 미친 것이 아닌가. 어서 일어나 초상을 치러야 하지 않겠나. 어서 일어나게, 이 나쁜 사람아!"

장자는 혜시의 야단에 부르던 노래는 멈추었지만, 여전히 마당 한가운데 두 다리를 쭉 뻗고 앉은 편안한 자세로 대답했어요.

"그렇지 않아. 나는 미친 것이 아니야. 나도 처음에는 무척 슬펐고 많이 울었다네. 하지만 사람이 죽는다는 것이 무엇인가 생각해 보니, 원래 태어나기 전으로 돌아가는 것이 아닌가. 하늘이 사람을 흙으로 만들었으니 죽으면 다시 흙으로 돌아가는 것뿐이야. 지금 내 아내도 원래 있었던 흙으로 다시 돌아가 편히 잠들려 하는데, 내가 시끄럽게 울어 대면 잠을 방해하지 않겠나."

혜시는 장자의 말을 반박하고 싶었지만, 그럴듯한 그의 대답에 말문이 막히고 말았지요. 대신 "아내의 잠을 방해하지 않기 위해서 울지 않았다면, 노래도 부르지 말게. 자네 노래는 너무 시끄럽지 않은가"라고밖에 말할 수 없었어요. 혜시의 말은 들은 장자는 그제야 노래를 그치고 장례식을 치르기 시작했지요. 하지만 장례식을 치르면서도 전혀 슬퍼 보이지 않았다고 해요.

장자는 아내의 죽음이 슬프지 않았을까요? 혹시 아내를 사랑하지 않고 미워했던 것은 아닐까요? 그렇지 않아요. 장자에게도 자신과 평생을 함께 살아온 아내의 죽음이 슬펐지만 그것을 표현하는 방법이 달랐을 뿐이지요.

사람이 죽으면 엄숙하게 장례식을 치르죠. 혜시처럼 우리도 장례식에서는 당연히 엄숙하고 슬픈 표정을 지어야 하고 가까운 사람이 죽었을 때는 슬피 울어야 한다고 생각해요. 그리고 이렇게 하는 것이 도덕적인 행동이라고 여기지요. 하지만 장자는 도덕적인 행동이 무엇인가에 대한 생각이 보통 사람들과는 조금 다른 사람이었어요.

이렇게 도덕과 예의의 기준은 사람마다 다를 수 있어요. 그리고 나라별로도 달라요. 예를 들어 우리나라에서는 어른들께 고개를 숙여 인사를 하지요. 하지만 서양에서는 어른에게도 손을 내밀어 악수를 청해요. 우리 조상들이 보았다면 "이런 예의 없는 놈!" 하면서 크게 화를 냈겠지요.

실제로 이렇게 인사를 하는 방법이 달라서 전쟁이 난 적도 있다니, 도덕과 예의의 차이가 결코 간단한 일이 아니란 걸 알 수 있어요. 중국에서도 왕에게 인사를 드릴 때는 우리나라처럼 엎드려 절을 해야 해요. 하지만 서양 사람들에게는 그런 인사법이 비굴한 행동으로 보였어요. 그래서 중국 황제의 생일을 축하하러 온 영국의 외교관은 큰 절을 세 번 하고 머리를 아홉 번 조아리는 중국식 인사, 삼궤구고두(三跪九叩頭)를 거부하고 영국식으로 무릎을 반쯤 굽혀서 인사했지요. 이러한 행동은 중국의 황제를 크게 화나게

했고, 결국 영국 외교관은 궁에서 쫓겨나고 말았지요. 그 후 영국과 중국의 관계는 크게 악화되었고, 이 인사 사건은 아편전쟁*으로 이어지게 되었지요.

★ 아편전쟁(1840~1842)
영국과 중국 청나라 사이에서 일어난 전쟁이다. 청나라는 아편 수입으로 인한 피해와 은의 유출을 막기 위해 아편 무역 금지령을 내렸다. 이에 영국은 무역 보호를 구실로 해군을 파견해 전쟁이 일어났다. 청나라가 패하고 난징조약이 맺어졌다.

문화상대주의라는 말을 들어 보았나요? 세계 문화는 다양하고 제각기 독자적으로 발전하기 때문에 문화의 좋고 나쁨을 가릴 수 없다고 보는 견해예요.

예를 들어 한국은 쌀밥을 주식으로 하고, 미국은 빵을 주식으로 하는 것처럼 사람들은 각기 자신이 살고 있는 지역이나 환경에 따라 다양한 문화를 가지고 있어요. 쌀밥을 먹는 것이 빵을 먹는 것보다 더 나은 것이라고 할 수 없어요. 그 반대도 마찬가지겠지요. 그렇기 때문에 어떤 문화가 더 낫거나 못하다고 하는 것은 잘못된 생각이에요.

문화와 마찬가지로 도덕과 규범도 살고 있는 지역과 문화에 따라 매우 다른 모습을 보입니다. 특히 동양과 서양은 도덕의 기준도 크게 다른 것 같아요.

동양의 도덕

우리나라에서는 부모님의 말씀을 잘 따르고, 형제나 친구들과 싸우지 않고 잘 지내며, 이웃 사람들에게 인정받으면 착하다고 해요. 이것은 오랜 옛날부터 우리나라가 속한 동양에서 착한 사람을 판단하는 기준이었어요. 우리나라에서 전해지는 옛날이야기를 보면 주인공은 모두 효자 효녀이지요. 또 대부분의 이야기에서 주인공은 형제간에 우애가 깊고, 자기 자신보다는 주위의 가난한 이웃들을 돕고 보살피는 착한 사람이에요.

조선시대 문신이었던 허균*이 지은 『홍길동전』의 주인공 홍길동은 양반인 아버지와 노비인 어머니 사이에서 태어난 서자입니다. 그래서 그는 아버지를 대감마님이라고 불러야 했고, 형은 도

> ★ 허균(許筠, 1569~1618)
> 조선시대 유명한 문신이자 소설가이다. 적자와 서자의 차별 등 조선시대 사회모순을 비판한 국문 소설 『홍길동전』을 썼다.

련님이라고 불러야 했어요. 그래도 홍길동은 아버지와 형을 원망하지 않았고, 훗날 아버지와 형으로 부르는 것을 허락받았을 때는 크게 기뻐했지요. 홍길동은 비록 서자라고 차별받았지만 부모님에게 효도하고 형제간에 우애가 있는 착한 사람이었어요. 또 도적이기는 했지만 탐욕스럽게 자

기 욕심을 채우는 흉악한 도적이 아니었어요. 그는 악독하게 세금을 거두거나 백성들을 괴롭히는 탐관오리들의 재물을 빼앗아 가난한 사람들에게 나누어 주었어요. 그리고 왕이 벼슬을 내리자 홍길동은 왕의 은혜에 크게 감격하는 모습을 보입니다. 이런 점에서 홍길동은 전형적인 동양의 착한 사람의 모습을 보여 주고 있어요.

이러한 동양의 도덕 기준은 공자의 사상인 유교에서 시작됐어요. 유교에서는 사람들에게 너그러운 사람이 되는 것[인(仁)], 부모님에게 효도하는 것[효(孝)], 그리고 나라에 충성하는 것[충(忠)]을 가장 중요하게 여겨요. 또한 예절도 무척 중요하게 생각해서 결혼식이나 장례식, 제사지내는 법 등을 아주 자세히 정해 놓았어요. 오늘날까지도 유교에서 정해 놓은 방법대로 예절을 지키는 것이 올바른 방법이라고 생각하는 사람이 많아요.

유교의 도덕 기준에서 가장 못된 행동은 욕심 때문에 예절을 지키지 않고 다른 사람에게 피해를 입히는 것입니다.

대표적인 사람이 걸왕*과 주왕*이지요. 걸왕은 백성들의 재물을 빼앗아 큰 궁전을 짓고 나라의 온갖 보물을 모아

* 걸왕(桀王) 중국 고대 하나라의 마지막 왕으로 포악하고 사치한 임금으로 알려져 있다.
* 주왕(紂王) 중국 고대 상나라의 마지막 왕이다. 하나라의 걸왕과 함께 폭군의 전형으로 알려져 있다.

미녀들과 함께 사치스럽게 살았어요. 큰 연못을 만들어 물 대신에 술을 가득 채우고, 연못가의 나무에는 비싼 고기 안주를 주렁주렁 매달아 놓고는 매일매일 술에 취해 사람들을 괴롭히며 살다가 결국 나라를 망하게 했지요.

주왕은 원래 맨손으로 호랑이를 잡을 정도로 용맹한 왕이었어요. 하지만 걸왕과 마찬가지로 사치와 향락을 즐기다 급기야 애첩 달기에게 빠져 나라를 망하게 했지요.

공자의 말씀을 모은 『논어』에는 걸왕과 주왕을 폭군의 전형으로 꼽으면서 그들처럼 되지 않도록 경계해야 한다고 나와 있어요.

서양의 도덕

주위 사람들을 잘 배려하고 효도하는 것을 가장 중요한 도덕규범으로 생각하는 동양과 달리 서양에서 착한 사람의 기준은 약속을 잘 지키는 사람이었어요. 약속을 가장 중요한 덕목으로 생각한 것이지요. 서양 정신의 기반을 이루는 종교는 기독교인데, 기독교에서 가장 중요한 책은 『구약 성경』과 『신약 성경』이에요. 구약이라는 말은 옛날 약속이라는 뜻이고, 신약이라는 말은 새로운 약속이라는 뜻입니다. 이때의 약속은 기독교의 하나님이 사람에게 한 구원의 약속이에요.

기독교에서뿐만 아니라 서양에서는 약속에 관한 여러 이야기가 중요하게 전해 내려오고 있어요.

기원전 4세기경, 디오니시우스 1세가 시라쿠사를 통치하던 시기에 핀티아스라는 젊은이가 반역죄로 사형선고를 받았어요. 사형 집행일이 다가오자 핀티아스는 죽기 전에 고향에 계신 부모님께 작별 인사를 할 수 있게 해달라고 부탁을 했어요. 왕은 부모님께 작별인사를 하고 다시 사형을 당하러 온다는 핀티아스의 약속이 참으로 어이가 없었지요. 아마도 왕뿐만 아니라 누구나 황당하게 여길 약속이기는 하지요.

핀티아스에게는 다몬이란 아주 친한 친구가 있었는데, 친구의 소식을 듣고 왕을 찾아갔어요. 자기가 대신 갇혀 있을 테니 핀티아스가 고향에 갔다 올 수 있도록 허락해 달라는 것이었지요. 아울러 약속한 날까지 핀티아스가 돌아오지 않으면 자기가 대신 죽겠다는 약속을 했어요.

약속한 날이 다 되어 가도록 핀티아스는 돌아오지 않았고 다몬이 대신 사형 당할 처지가 되었어요. 그럼에도 다몬은 친구를 원망하지 않고 무슨 사정이 있을 거라고 변명을 해 주었지요.

마침내 약속한 사형 날짜가 되어 다몬은 사형대 앞으로 끌려 나왔지요. 많은 사람들은 어리석은 약속에 목숨을 건 다몬을 비웃기 위해 몰려들었지요. 그런데 저 멀리서 만신창이가 된 핀티아스가 뛰어오는 게 아니겠어요. 돌아오는 길에 폭풍을 만나 죽을 뻔한 위기가 있었음에도 사형 날짜에 늦지 않기 위해 노력한 거예요. 디오니시우스 왕은 두 사람의 우정에 큰 감동을 받아 둘을 풀어 주었답니다.

그리스로마 신화에도 약속을 어기고 벌을 받는 이야기가 많아요. '에로스와 프시케' 이야기에도 약속이 중요한 요소로 등장하지요. 서로 사랑하는 에로스와 프시케가 헤어지게 되는 것은 프시케가 밤에 불을 켜지 말라는 에로스와의 약속을 어기기 때문이거든요.

　아폴론에게 하프를 배워 최고의 음악가가 된 오르페우스 이야기에도 약속을 어겨 벌을 받는 내용이 등장합니다. 오르페우스는 사랑하는 아내 에우리디케가 죽자 저승까지 찾아가 아내를 구하려고 했어요. 한번 죽은 사람은 다시 이승으로 돌아갈 수 없지만 오르페우스의 음악에 감동한 저승의 신은 그의 아내를 보내주기로 하지요. 다만 지상에 올라갈 때까지 아내를 돌아보지 말라는 약속을 지켜야 했어요. 하지만 오르페우스는 아내와 함께 지상으로 올라오

다가 햇빛이 보이자 기쁨에 겨워 아내를 돌아보고 말았지요. 지상에 다 올라온 것도 아닌데 말이에요. 이승까지 불과 몇 발짝을 남겨두었음에도 저승의 신은 약속을 어긴 벌로 가차 없이 아내를 다시 저승으로 데리고 가 버렸지요.

이렇게 서양에서는 약속을 어기면 큰 대가를 치른다는 교훈이 담긴 이야기가 많이 전해져요. 그만큼 약속을 중요하게 여기는 것이죠. 효와 예절을 중요하게 여겼던 동양의 모습과는 무척 달라요.

동양과 서양의 도덕 기준은 왜 다를까요?

그렇다면 동양과 서양에서 중요하게 생각하는 도덕 기준은 왜 다를까요? 그것은 서로 생활의 기본이 되는 산업이 달랐기 때문이에요.

동양에서는 농업을 주요 생계 수단으로 생각했어요. 기계가 없던 옛날에 농사를 지으려면 가족이나 동네 사람들이 모두 함께 일을 해야 했지요. 이렇게 많은 사람들이 함께 일을 할 때는 협력을 하고, 서로에게 피해를 주지 않는 것이 중요해요. 다른 사람들은 다 일을 하고 있는데 한 사람만 농땡이를 피운다면 어떨까요? 또 가족 안에서 부모와 자식, 형제간에 사이가 좋지 않다면 어떻게 함께 농사를 지을 수 있겠어요. 그렇기 때문에 다른 사람들을 잘 배려하고, 화목한 가족을 만드는 것이 중요한 도덕규범이 된 것이지요.

반면에 서양에서는 일찍부터 상업, 즉 장사가 발전했어요. 그리스나 로마는 상업으로 유명한 나라예요. 장사를 할 때 중요한 것은 파는 사람과 사는 사람이 서로를 속이지 않고 약속을 잘 지키는 것이지요. 예를 들어 어떤 상품을 산다는 약속을 믿고 험한 바다를 건너 상품을 운반해 갔는데, 약속한 사람이 항구에 나오지 않으면 어떻게 되겠어요. 또 중요한 식량인 밀을 사서 바다를 건너 운반해 왔는데, 포대를 열어 보니 밀이 아니라 모래가 들어 있다면 다신 그 사람과 거래하지 못하겠죠. 이처럼 장사를 하는 데에는 약속이 매우 중요해요. 때문에 서양에서는 일찍부터 약속을 잘 지키는 사람이 도덕적이고 착한 사람이었지요.

하지만 오늘날은 훨씬 더 다양하고 복잡한 사회가 되었지요. 그래서인지 옛날과 달리 어떤 사람이 착한 사람인지, 도덕적인 행동은 어떤 것인지 판단하기가 더욱 어렵고 복잡해졌답니다.

오늘날의 도덕 기준은 무엇일까요?

복잡한 현대사회에서는 '결과'가 중요한 가치로 자리 잡았어요. 어떤 과정을 거쳐, 혹은 무슨 이유로 그런 행동을 했는지보다 그 행동이 얼마나 좋은 결과를 만들어냈는지가 중요해졌어요. 이렇게 결과의 가치를 중요하게 여기는 것을 결과주의, 혹은 결과론이라고 하는데 대표적인 사상으로 공리주의가 있어요.

공리주의에서는 인간이 쾌락(행복)을 추구하고 고통(불행)을 피하려 하는 본성을 지닌 존재라고 생각해요. 따라서 인간의 쾌락과 행복을 늘리는 데 기여한 행동은 좋은 행동이고, 고통과 불행을 크게 하는 것은 나쁜 행동인 것이지요. 또한 사회 전체의 행복을 높이기 위해서는 되도록 많은 사람들이 가능한 많은 행복을 받을 수 있도록 해야 하는 것이죠. 이러한 공리주의의 생각을 한 마디로 표현한 것이 '최대 다수의 최대 행복'이라는 말이에요.

오늘날 사회에는 이러한 공리주의를 바탕으로 한 제도가 많이 있어요. 가장 대표적인 것이 다수결의 원칙이에요. 다수의 행복이 소수의 고통보다 크다면 사회 전체의 행복은 올라가기 때문에 다수의 결정을 따르는 것이 좋은 결정이라는 공리주의 사상에서 나온 대표적인 제도이지요.

하지만 공리주의에는 아주 큰 문제가 있어요. 다수의 행복을 위해 소수의 고통은 희생되어도 좋은가 하는 문제예요. 예를 들어 3명의 목숨을 살릴 수만 있다면 한 사람의 목숨은 희생되어도 괜찮을까요? 아무리 더 많은 사람을 살릴 수 있다고 해도 사람의 목숨을 희생시키는 것은 잘못된 일이라는 생각이 들지 않나요?

이러한 바탕에서 공리주의를 반박하며 등장한 이론이 '의무론'이에요. 의무론은 사람이라면 누구나 지켜야 할 도덕법칙이 있다는 생각에서 출발해요. 하늘로 던진 돌은 다시 땅으로 떨어지지요. 이렇게 절대 변하지 않는 것을 자연법칙이라고 하는데 의무론을 주장한 칸트*는 이러한 자연법칙처럼 사람들 모두가 벗어날 수 없고 벗어나서도 안 되는 도덕법칙이 있다고 생각했어요. 만약 이를 어긴다면 그 행동은 나쁜 행동이에요. 인간이라면 그러한 도덕법칙을 지켜야 할 의무가 있는 것이지요.

* 칸트(Kant Immanuel, 1724~1804) 서유럽 근세 철학의 전통을 집대성하고 『순수 이성 비판』, 『실천 이성 비판』, 『판단력 비판』과 같은 3대 비판서로 근세 철학에서 가장 중요한 사람으로 꼽힌다.

하지만 도덕법칙은 자연법칙과 다르게 지킬 수도 지키지 않을 수도 있다는 문제가 있어요. 왜냐하면 사람에게는 돌

과 달리 자유가 있기 때문이지요. 하늘로 던져진 돌은 어디로 날아가거나 떨어질지 자신이 결정할 수 없지만 사람은 자신의 행동을 자유롭게 결정할 수 있어요. 배가 고프지만 돈이 없을 때, 돈을 벌기 위해 일자리를 찾을 수도 있고, 구걸할 수도 있지요. 혹은 다른 사람의 돈을 훔칠 수도 있을 거예요.

이렇게 사람에게는 자유의지가 있기 때문에 도덕법칙에 따라 행동할 수도 있고, 도덕법칙을 어길 수도 있어요. 그러므로 도덕법칙이 무엇인지 잘 공부하고 판단하는 것은 매우 중요합니다. 공리주의의 시각에서도 마찬가지예요. 무조건 다수의 행복만을 위해 소수의 행복을 무시하는 사회는 올바른 사회라고 할 수 없어요. 그러니 어떤 행동이 옳은 행동인지 도덕이란 무엇인지 끊임없이 배우고 공부해야 하는 것입니다.

많은 사람들이 더 큰 행복을 누리는 세상은 행복한 사회일까요?

올더스 헉슬리의 『멋진 신세계』라는 소설에 등장하는 세계는 철저하게 공동체를 위한 세상이에요. 세계 국가로 불리는 이곳은 과학이 무척 발달한 사회지요. 유전자를 분석해 계급을 나누어 직업을 정해 주고, 다른 일에는 관심을 두거나 욕심을 내지 않도록 정신을 개조할 수 있을 정도로 과학이 발달했어요. 또 과학으로 질병에 걸리지 않도록 유전자를 조작하고, 병을 치료하거나 심지어 늙는 것도 막아 줘요. 그리고 필요한 것이 있

으면 언제든지 국가에서 제공해 주지요. 때때로 자기가 하는 일이 지겹거나 불안한 사람들은 나라에서 공짜로 나누어 주는 소마라고 불리는 조그마한 알약을 먹으면 불만은 사라지고 행복한 기분을 느낄 수 있답니다.

그래도 세상에 불만이 있는 사람은 유전자 생산 과정의 불량품이라고 판정되어 강제로 추방됩니다. 다른 사람에게 피해를 입힐 수 있는 위험이 있는 사람이라고 판단하는 것이지요. 이런 사회에서 산다면 행복할까요?

이런 세상은 결코 우리가 살고 싶은 세상이 아니에요. 이렇게 전체를 위해 개인을 희생하는 사회가 좋은 사회일 순 없어요. 하지만 소수가 희생되어 전체의 행복이 크다면 소수의 희생은 정당하다는 생각은 실제 역사에서도 종종 있어 왔어요.

독일의 유명한 독재자인 히틀러는 독일 민족이 행복하려면 소수의 유대인과 집시를 없애야 한다고 생각했어요. 애초에 유대인과 집시가 독일 민족의 행복을 방해한다는 생각부터 잘못된 것이지만 설령 그렇다고 해도 소수의 유대인과 집시를 희생시키려는 생각이 옳을 순 없어요. 게다가 그 소수라고 하는 숫자가 얼마나 될까요? 10명, 100명일까요? 제2차 세계대전 동안 나치 독일이 죽인 유대인의 숫자는 무려 600만 명이라고 합

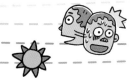

니다.

　그렇다면 이렇게 유대인을 희생시킨 독일 민족은 행복해졌을까요? 그렇지 않아요. 전쟁에서 진 독일은 가진 것을 모두 잃고 동독과 서독으로 나뉘어 분단국가가 되었어요. 그리고 사람들에게 불행한 기억을 남겼지

요. 자신들이 그런 끔찍한 일을 저질렀고 막지 못했다는 불행한 기억은 오늘날까지도 수많은 독일인들을 괴롭혔어요. 다수를 위해 소수를 희생한다는 것이 단지 쾌락과 고통을 더하고 뺀 산수의 결과일 수만은 없어요. 그것과 관련된 한 사람 한 사람의 느낌과 기억 등을 생각해 보면 얼마나 처참하고 잔인한 일인지 알 수 있을 거예요.

도둑도 약속은 지켜야 한다고?

옛날 중국에 도척(盜跖)이라는 아주 무서운 도둑이 있었어요. 그는 단순히 남의 집에 몰래 들어가 물건을 훔치는 좀도둑이 아니라 무려 9,000명의 부하를 거느리고 마을이나 도시에 쳐들어가 불을 지르고 사람들을 죽이는 무시무시한 도적이었지요.

이런 흉악한 도둑인 도척은 당연히 약속 따위는 지키지 않을 것이고, 도덕과 아무런 상관이 없다고 생각하기 쉬워요. 그런데 전해 오는 이야기에 따르면 그렇지 않아요.

어느 날 도척의 부하 중 한 명이 "두목님, 우리와 같은 도적들에게는 도덕이 필요 없지요?" 하고 물었답니다. 그러자 도척은 그런 질문을 하는 부하를 노려보며, "예끼, 이놈아! 도덕이 필요 없다니? 우리 같은 도둑에게 도덕이 얼마나 중요한 것인데!"라고 큰 소리로 호통을 치고는 이렇게 이야기했어요.

"우리와 같은 도적들도 성스러움(聖), 용맹함(勇), 의로움(義), 지혜(智), 너그러움(仁)의 다섯 가지 중요한 도덕이 필요하다. 먼저 어디에 값진 물건이 있는지를 잘 아는 것이 성스러움이다. 그리고 마을을 약탈하고 물건을 훔칠 때 앞장서는 것이 용감함이다. 물건을 훔친 후에는 동료 도둑들이 모두 안전하게 빠져 나온 후에 마지막에 나오는 것이 의로움이고, 훔쳐온 물건의 가치를 잘 파악하는 것이 지혜로움

이야. 무엇보다 도둑의 두목이 되려면 훔친 물건들을 공평하게 잘 나눠 주는 너그러운 마음이 있어야지. 이 다섯 가지 도덕을 모두 갖추지 않고서는 큰 도둑이 될 수 없어."

다른 사람의 물건을 빼앗거나 사람의 목숨도 함부로 여기는 도둑에게도 도덕과 윤리가 있다니 정말 충격적이지 않나요? 하지만 조금만 생각해 보면 우스갯소리가 아니라는 걸 알 수 있어요. 힘들게 높은 담을 넘어 몰래 남의 집에 들어갔는데, 아무것도 가져갈 것이 없다면 얼마나 허무하겠어요. 또 도둑 두목이 힘들고 위험한 일은 모두 부하들에게 시키고 자기는 부하들이 훔쳐온 물건만 독차지한다면 부하들이 두목의 명령을 제대로 따르겠어요? 그리고 무엇보다 중요한 것은 훔친 물건을 공평하게 나누어 주는 거예요. 마음대로 나누어 주면 불만을 가진 부하들이 배신할지도 모르니까요. 법을 어기고 나쁜 짓을 일삼는 도둑들에게도 지켜야 할 도덕이 있다니 놀랍네요.

바다의 무법자로 불리는 해적들은 어떨까요? 그들 역시 엄격히 지켜야 할 법이 있었어요. 해적 전성기의 마지막 해적단이 만든 법을 보면, '동료의 보석이나 돈을 가져가면 코와 귀를 자른다, 전투 중에 도망가면 처형하거나 무인도에 버린다, 도박을 해서는 안 된다' 등의 내용이 있어요. 다른 배를 습격해 돈을 훔치는 해적이지만 자기 사회에서 지켜야 할 규칙이 있었던 거예요. 해적들은 아주 거친 사람들이어서 자주 싸웠을 것이라고 생각하지만, 그들의 법에는 '배 안에서는 서로 때려서는 안 되며, 화가 나는 일이 있으면 기다렸다가 육지에 내려서 결정해야 한다'는 법이 있었다고 해요. 육지가 아닌 배에서 생활해야 하기 때문에 지켜야 할 더욱 엄격한 법이 있었던 것이지요.

이처럼 일반적인 법과는 다르지만 도둑이든 해적이든 자신들의 사회에서 지켜야 하는 나름의 규칙이 필요했답니다.

혼자 살면 도덕은 필요 없을까요?

왜 도둑이나 해적들이 자신들의 도덕과 법을 지켜야 했을까요? 그들도 역시 자신들이 살아가는 사회가 있기 때문이에요. 도척의 말처럼 훔친 물건을 공평하게 나누어 주지 않으면 언제 배신을 해서 무리가 흩어질지 모르는 일이고, 남의 물건을 훔치는 해적이지만 자신들끼리 믿음이 없으면 함께 힘을 합쳐 다른 배를 공격하지 못하겠지요. 이처럼 도덕과 법은 사회를 유지하는 중요한 규칙이에요. 이 규칙들이 지켜지지 않으면 어떠한 사회도 유지될 수 없어요.

다른 한편으로는 사회가 없으면 도덕과 법을 지키지 않아도 된다는 뜻이기도 해요. 예를 들어 무인도에서 혼자 살아야 했던 로빈슨 크루소의 경우는 어땠을까요? 식인종의 포로였던 프라이데이를 구출해 함께 살기 전까지 무인도에서 혼자 살았던 그는 도덕이나 법을 지킬 필요가 없었어요.

혼자 사는데 사람을 만났을 때 인사를 해야 한다는 예절이나 다른 사람의 물건을 훔치면 안 된다는 도덕이 무슨 소용이겠어요? 아마도 로빈슨 크루소는 발가벗고 돌아다니고, 아무 데서나 소변을 보는 등 사회에서 살았다면 하지 않았을 행동을 마음대로 했을 거예요. 물론 부끄러움도 느끼지 않았겠지요. 무인도에 혼자 살았던 로빈슨 크루소가 누구에게 부끄러워할 필요가 있었겠어요.

하지만 프라이데이와 함께 살게 되면서는 어땠을까요? 분명히 혼자 살 때와는 생활이 달라졌을 거예요. 소변을 보는 장소를 정하거나 프라이데이가 자신의 물건을 가져가지 못하게 가르쳤을 테지요. 그 전까지는 없었던 도덕과 법이 새로 생긴 거예요. 이것은 이 두 사람이 함께 사는 사회

가 생겼다는 것을 보여 주는 분명한 증거입니다. 그리고 이 두 사람도 자신들의 작은 사회를 유지하려면 그들의 도덕과 법을 지켜야 한다는 것을 잘 알았을 거예요.

로빈슨 크루소의 사례에서 보듯이 혼자 살 수 있다면 도덕이나 법은 필요 없어요. 하지만 우리는 모두 더불어 살고 있지요. 가족, 학교, 나라 등 다양한 사회에 소속되어 있어요. 그러니 그 사회의 한 사람으로서 역할을 잘 하려면 도덕과 법을 잘 지켜야 하겠지요.

약속은 반드시 지켜야 할까요?

이렇듯 사회를 이루고 살면 그 안에서 함께 지켜야 할 규칙이 생기기 마련이에요. 일종의 약속이라고 할 수 있죠. 그래서인지 우리는 어릴 때부터 약속은 꼭 지켜야 한다고 배웠어요. 그런데, 약속은 반드시 지켜야 옳은 걸까요?

이 문제는 아주 오래전부터 사람들을 괴롭혀 온 문제예요. 고대 그리스의 철학자인 소크라테스도 같은 고민을 했어요. 그가 제시한 사례를 함께 생각해 볼까요?

친구에게 무기를 빌렸다가 돌려주기로 약속을 했어요.

막상 무기를 돌려주려고 보니 친구가 무척 화가 난 상태인 것 같아요. 얼굴이 벌겋게 달아올라 금방이라도 누군가를 해칠 것 같이 보였어요. 그런데도 약속을 지켜야 하니 당장 친구에게 무기를 돌려주어야 할까요?

약속 때문에 목숨을 잃은 사람도 있어요. 오랜 옛날 중국 춘추시대 노나라에 미생이라는 남자가 있었는데, 사랑하는 여자와 다리 밑에서 만나기로 약속을 했습니다. 하지만 약속 시간이 훨씬 지났는데도 여자는 오지 않았어요. 미생은 조금만 더 기다리면 오겠지 하며 계속 그녀를 기다리고 있었는데, 큰 비가 온 후라 개울물이 점점 불어 오르기 시작했어요. 빨리 다리 위로 올라가야 하는 상황인데도 미생은 여자와의 약속을 지키기 위해 다리 기둥을 잡으면서 버티다가 결국 물에 휩쓸려 목숨을 잃고 말았지요.

> ★ 미생지신(尾生之信) '미생의 신의'라는 뜻으로 답답할 정도로 우직하고 고지식한 믿음을 가리키는 말이다.

이 이야기는 미생지신*이라는 고사성어로 남아 오늘날까지도 전해지고 있어요.

이 일에 대한 사람들의 평가는 둘로 나뉘어요. 장자는 "헛된 약속을 지키려고 죽는 것을 가볍게 여겼고, 자신의 생명을 돌보지 않았다"는 이유로 미생을 크게 어리석은 사

람이라고 평가했어요. 하지만 당시의 유명한 정치가인 소진은 "약속을 지키기 위해 죽음도 마다하지 않는 우직함을 다른 사람들도 본받아야 한다"며 미생을 크게 칭찬했다고 해요. 여러분의 생각은 어떤가요?

약속은 왜 지켜야 할까요? 미생처럼 자기 목숨보다 약속을 소중하게 생각한 사람도 있는데, 왜 그렇게까지 약속을 지켜야 할까요?

아주 옛날에 사람들은 약속을 지키지 않거나 죄를 지으면 하늘에서 벌을 내린다고 생각했어요. '날벼락'이라는 말이 호된 꾸지람이란 뜻을 가지게 된 것도 하늘에서 벼락으로 호통을 치는 것이라 생각했기 때문이에요. 또한 병에 걸리는 것도 하늘에서 벌을 내린 거라 생각했어요. 특히 나병(癩病)은 병에 걸린 사람이 나쁜 짓을 저질렀기 때문에 걸리는 병이라고 생각해서, 병에 걸린 사람을 치료할 생각은 하지 않고 가두어 두거나 쫓아내기만 했지요. 과거 우리나라나 중국에서 전염병이 돌거나 큰 홍수나 가뭄이 들 때 왕이 하늘에 큰 제사를 지낸 것도 홍수나 가뭄이 하늘의 벌이라고 생각했기 때문이에요.

약속을 지켰던 또 다른 이유는 사회적인 체면 때문이에요. 옛날에는 사람들이 대부분 한곳에서 오랫동안 살았기 때문에 체면과 소문은 매우 중요한 것이었어요. 그래서 때로는 체면을 상하게 하는 게 매를 때리거나 감옥에 가두는 벌보다 더 큰 효과를 발휘하기도 했지요. 대표적인 예가 이불에 오줌을 싼 아이에게 키를 쓰고 소금을 얻으러 다니게 한 것이에요.

이처럼 벌이나 체면은 사람들에게 약속을 지키게 하는 아주 큰 이유였답니다.

약속을 지키는 것이 이익이라고?

그렇다면 약속을 안 지켜도 벌을 받거나 창피를 당하지 않는다면 약속은 지키는 게 좋을까요, 지키지 않는 게 좋을까요?

언뜻 약속은 지키지 않는 것이 더 이익인 것 같아 보여요. 예를 들어 친구에게 빵을 얻어먹으며 "다음에는 내가 살게!"라고 약속했는데, 약속을 지키지 않으면 빵 값이 나가지 않으니 나에게는 이익이지요. 이런 경우에 얌체 같다고 손가락질을 받기는 하겠지만, 돈이 굳었으니 이익이라는 것을 부정할 수 없지요. 이렇게 따지면 약속을 지키지 않는

게 이익으로 여겨지네요. 앞서 트라시마코스도 "정의는 강자의 이익이며 권리이다"라고 말하며 약속을 지키는 게 더 손해라고 했어요.

그런데 정말 약속은 지키지 않는 게 이익일까요?

앞선 주장과는 달리 약속을 지키는 게 더 이익이라는 연구 결과도 있어요. 대표적인 경우가 '죄수의 딜레마' 상황이지요.

어느 날 두 명의 도둑이 현장에서 체포되었어요. 둘은 서로 범행을 자백하지 않기로 약속했지요. 한편, 경찰은 도둑질을 했다는 증거는 확보하고 있으나, 폭행을 했다는 증거는 없어서 폭행에 대한 처벌을 할 수 없었어요. 그래서 도둑들을 각각 다른 방에 가두어 두고 폭행을 했다는 자백을 받아내려고 했지요.

경찰은 도둑들에게 자백을 하면 가벼운 처벌로 끝나게 해 주겠지만 본인은 부인하고 다른 사람이 자백을 하면 혼자 모든 처벌을 받아 9년 동안 감옥에 있어야 한다고 말했지요. 이때 끝까지 둘 다 자백을 하지 않으면, 폭행의 증거가 없기 때문에 도둑들은 모두 도둑질에 대한 1년 형만 받아요. 하지만 둘 다 자백을 한다면 도둑질에 폭행죄까지 인정한 것이기 때문에 5년 동안 감옥에 있어야 했지요. 서로 약속을 지켜 자백하지 않으면 둘 다 낮은 처벌을 받겠지만 내가 자백하지 않고 상대방만 자백하면 혼자 죄를 다 뒤집어쓰게 될 테니 자백을 해야 할지 말아야 할지 갈등이 생기겠지요. 이런 상황을 가리켜 죄수의 딜레마라고 합니다.

이런 상황에 닥치면 아마도 대부분 자백을 할 거예요. 약속을 지키고 자백을 하지 않으면 1년 동안 감옥에 있어야 하지만 상대방이 자백을 하지 않고, 본인만 자백을 하면 혼자 풀려날 수 있으니까요. 반대로 혼자만 약속을 지키고 상대방이 자백을 해 버리면 혼자 죄를 뒤집어쓰고 9년 동안 감옥에 있어야 하니 누구라도 약속을 어기고 자백을 할 테지요.

결국 둘 다 약속을 어기고 자백을 할 확률이 높아요. 모두 약속을 지킨다면 1년 형만 받으면 되는 것을 둘 다 약속을 어겼으니 5년 동안 감옥에 있어야겠지요. 이것이 바로

		죄수 B의 선택	
		자백하지 않음	자백함
죄수 A의 선택	자백하지 않음	A-1년 형 B-1년 형	A-9년 형 B-석방
	자백함	A-석방 B-9년 형	A-5년 형 B-5년 형

경찰이 바라던 것입니다.

죄수의 딜레마에서 볼 수 있듯이 자기에게 이익이 될 것이라는 생각에 약속을 지키지 않는 것은 아주 어리석은 생각입니다. 특히 어쩌다 한 번 일어나는 아주 특수한 상황보다 오랫동안 지속되는 관계나 사회에서는 약속을 지키는 것이 훨씬 이익이지요.

예를 들어 앞의 딜레마 상황에서 죄수 B는 약속을 지켜 자백하지 않았고, 죄수 A는 자기 이익을 위해 자백을 했다고 생각해 봅시다. 그러면 B는 9년 동안 감옥에 있어야 하고, A는 바로 석방될 테니 A의 입장에서는 매우 큰 이익이지요. 하지만 정말 이익일까요? A와 B가 다시 볼 수 없게 된다면 그렇다고 할 수 있겠지요. 하지만 9년 뒤에 석방된 B가 A를 찾아가지 않을까요. 아마도 약속을 어기고 자신을 9년 동안이나 감옥에 있게 한 A를 찾아서 복수하려 할 테지요.

이처럼 장기적인 관계에서 쉽게 약속을 어기는 것은 훗날 감당할 수 없는 손해로 돌아올 수 있습니다. 그리고 인간 사회에서 관계는 대부분 짧게 끝나는 것이 아니라 길게 이어지게 마련이지요.

다시 처음으로 돌아가 빵을 얻어먹고 다음에 사겠다는

약속을 모른 체해 버린 경우, 소중한 친구와의 우정을 잃겠죠. 빵 몇 개가 친구와의 우정보다 더 이익이라고 할 순 없을 거예요.

약속을 지키는 게 이익이라는 것은 동물들도 알고 있어요. 대표적인 경우가 '청소놀래기'라는 작은 물고기의 경우예요. 열대지방 바다에는 다른 물고기의 몸을 청소하고 그 이물질을 먹으며 살아가는 청소놀래기라는 물고기가 있어요. 청소놀래기는 물고기의 아가미나 입속에 들어가 이물

질을 제거해 줍니다. 그때 물고기가 굶주리고 있었다면 그냥 꿀꺽 삼켜 버리고 싶다는 마음의 갈등을 느낄 거예요. 그렇게 하면 지금 당장은 배가 부를 테지만, 앞으로 다른 청소놀래기들한테 청소 서비스를 받을 수 없어요. 물고기의 입장에서도 한 끼의 식사보다 오랫동안 청소 서비스를 받는 것이 이익일 테니, 꿀꺽 삼키고 싶은 욕심은 꼭 참아야겠지요.

이를 호혜성 이타주의라고 합니다. 서로 특별한 혜택을 주고받으며 상대방에게 도움이 되는 일을 해 주는 것이지요. 하지만 이것은 결국 나를 위한 일이에요. 서로 약속을 지켰을 때 나에게 도움이 되기 때문이지요.

약속을 지키지 않으면 왜 마음이 불편할까요?

이처럼 약속을 지키는 이유는 많아요. 벌을 받지 않기 위해서, 체면을 구기기 싫어서, 아니면 약속을 지키는 게 더 이익이 되기 때문이죠. 하지만 약속을 지키는 이유가 정말 이런 이유뿐일까요?

많은 철학자들은 약속을 지키는 이유가 인간에게 양심

이 있기 때문이라고 말했어요.

소크라테스가 사형을 당하게 되었을 때 마지막으로 크리톤에게 이런 말을 남겼어요.

"내 친구 크리톤이여, 의학의 신 아스클레피오스에게 닭 한 마리를 빚졌으니 잊지 말고 갚아 주게."

소크라테스가 살았던 아테네에는 병이 나으면 의학의 신 아스클레피오스에게 닭 한 마리를 제물로 바치는 풍습이 있었는데, 소크라테스는 전에 자신이 지키지 못한 그 약속을 꼭 지켜야 한다고 생각했어요. 죽음을 앞에 두고도 약속은 지켜야 한다고 생각한 소크라테스는 그 이유가 마음속에서 어떤 소리가 들리기 때문이라고 했어요. 이러한 소리를 '다이몬, 즉 양심의 소리'라고 해요.

독일의 철학자 칸트도 비슷한 말을 했어요. 모든 사람들의 마음속에는 '도덕법칙'이 있다는 거지요. 물이 위에서 아래로 떨어지는 자연법칙을 거스를 수 없는 것처럼 사람의 마음속에도 거스를 수 없는 무언가가 있다고 생각했어요. 그것이 '도덕법칙'이에요. '약속을 지켜야 한다'는 것은 단지 사람들이 자신들의 이익을 위해서이거나 보복을 당하지 않기 위해서가 아니라, 우리 마음속에 있는 법칙이기 때문이라는 것입니다.

동양의 철학자인 맹자는 인간이 동물과 구분되는 마음이 있는데, 이것은 남의 불행을 차마 그대로 보아 넘기지 못하는 마음, 즉 '측은지심*'이라고 생각했어요. 물에 빠진 사람을 보고는 안타까워하고 구하려는 사람들의 마음이 바로 그런 마음이지요.

★ 측은지심((惻隱之心) 맹자는 측은지심과 더불어, 잘못을 부끄러워하고 싫어하는 마음인 수오지심(羞惡之心), 사양하고 양보하는 마음인 사양지심(辭讓之心), 옳고 그름을 가리는 마음인 시비지심(是非之心)을 '사단(四端)'이라 하고, 인간만이 가진 특징이라고 보았다.

이러한 양심의 존재를 보다 분명히 한 사람은 독일의 심리학자인 프로이트예요. 그의 이론에 따르면 사람의 마음은 크게 세 부분으로 이루어져 있어요. 자아(ego), 이드(id), 초자아(super ego)가 바로 그것이에요.

겉으로 드러나는 우리의 생각, 즉 의식은 자아(ego)의 영역이지요. '배가 고프니 밥을 먹어야지'라거나 '어제 친구와 놀기로 약속을 했으니 지켜야지'라고 드러나게 생각하는 것은 바로 이 의식의 영역입니다.

하지만 우리의 마음은 이렇게 겉으로 드러나는 의식만 있는 것이 아니고, 숨어 있어서 드러나지 않는 무의식이라는 영역이 있어요. 프로이트에 따르면 이 무의식의 영역이 의식의 영역보다 훨씬 중요해요. 의식이 무의식에 지배를 받기 때문이지요.

무의식의 영역은 욕망이나 충동을 담당하는 이드(id)와 선악의 판단을 내리는 초자아(super ego)의 영역으로 나뉩니다. 느끼지는 못하지만 '밥을 먹어야지'라고 생각이 드는 것은, 이드에 영향을 받는 것이고, '약속을 지켜야지'라고 생각하는 것은 초자아의 영향을 받는 것입니다.

예를 들어, 남의 것이지만 갖고 싶은 물건을 보았다면 이드는 '훔쳐!'라고 의식에 명령을 내립니다. 하지만 초자아는 '남의 것을 가져가면 안 돼!'라고 명령을 내리기 때문에 도둑질을 하지 않게 되는 것이지요. 그리고 초자아의 명령에도 불구하고 이드의 명령을 따라 도둑질을 했을 때, 초자아는 얼굴을 붉어지게 하거나 심장을 두근거리게 하는 등의 죄책감을 느끼게 합니다. 이러한 양심, 즉 초자아가 있기 때문에 나쁜 짓을 저지르지 않고 살 수 있는 것이죠.

벌을 받지 않기 위해서라거나 체면을 구기지 않으려고, 혹은 이익이 되기 때문에 약속을 지키는 경우도 있겠지만 우리가 약속을 지키는 가장 큰 이유는 무엇보다도 죄책감을 느끼게 해 주는 양심이 있기 때문이에요. 몰래 길에 쓰레기를 버리는 것처럼 아무도 본 사람이 없어서 벌을 받거나 체면을 구길 위험도 없고, 소문이 나서 손해를 보지도 않을 것 같은 경우라도 쉽게 그런 행동을 하게 되지 않아요. 그런 행동을 하려고 하면 자꾸 주위를 두리번거리게 되고, 심장은 두근거리고 얼굴이 붉어질 거예요. 벌을 주거나 야단을 치는 사람은 없지만, 우리 마음속의 양심은 벗어날 수 없기 때문이겠지요.

'돈이 있으면 귀신도 마음대로 부릴 수 있다'는 옛말이 있지만, 사람의 마음은 돈으로 살 수 없어요. 하지만 사람의 마음을 돈으로 산 사람이 있어요. 그것도 불과 금화 50닢이라는 싼 값으로요.

옛날 중국 진나라의 재상인 상앙은 도덕이나 윤리보다는 엄격한 법이 국가를 강하게 만들 수 있는 더 좋은 방법이라고 믿는 '법가' 사상가였어요. 그래서 진나라를 부유하게 만들 수 있는 여러 가지 새로운 법을 만들었지만, 정작 법을 시행하지 못하고 망설이고 있었지요. 왕이 그 이유를 묻자 이렇게 대답했어요.

"법을 만드는 것이 중요한 것이 아니라, 백성들이 국가와 법을 믿고 잘 따라주는 것이 중요합니다. 그렇지 못하고 백성들이 그 법을 우습게 알면 법이 무슨 소용이 있겠습니까. 그래서 어떻게 하면 백성들의 마음을 얻을 수 있는지 신중하게 고민하는 중입니다."

그러던 어느 날 상앙은 수도 남쪽에 있는 성문 앞에 사람의 키보다 높은 커다란 나무 기둥을 하나 세우고 다음과 같은 팻말을 붙였어요.

"누구든지 이 기둥을 북쪽에 있는 성문 앞으로 옮겨놓으면 나라에서 금화 열 닢을 주겠다."

하지만 사람들의 반응이 시큰둥했어요. 나무 기둥을 옮기는 일이 쉽지도 않을 뿐더러 설마 그런 일을 했다고 금화 열 닢을 주겠느냐며 믿지 않았기 때문이지요. 그것을 지켜 본 상앙은 다음날에 "이 기둥을 북쪽에 있는 성문 앞으로 옮겨놓으면 금화 오십 닢을 주겠다."라고 팻말을 바꾸어

붙였어요.

상금이 많이 올랐기 때문인지, 이번에는 사람들의 반응이 달랐지요. 어느 할 일 없는 사람 한 명이 끙끙거리며 나무 기둥을 끌고 북쪽 성문으로 옮겼고, 다른 사람들은 과연 상앙이 약속했던 상금을 줄지 궁금해하며 뒤따라갔어요. 마침내 나무 기둥이 북쪽 성문에 도착하자, 상앙은 기다렸다는 듯이 금화 오십 닢이 들어 있는 커다란 주머니를 내주었고, 이것을 본 사람들은 상앙은 약속을 잘 지키는 사람임을 믿게 되었지요.

마침내 상앙이 새로운 법을 발표하자 사람들은 법을 착실하게 잘 지켰어요. 상앙이 그 법대로 정치를 할 것이라 믿었기 때문이죠. 그 후 십 년이 지나자 진나라는 다른 나라보다 훨씬 부유하고 강력한 나라가 되었고, 마침내 중국에서 가장 강력한 나라가 되어 분열되어 있던 중국을 통일하게 되었답니다.

4장

법은
도덕의
최소한일까요?

약속과 도덕, 법은 어떻게 다를까요?

도덕, 법 등은 사회를 유지하기 위한 수단이고, 지켜지지 않으면 사회가 유지될 수 없지요. 법과 도덕같이 사회를 유지하기 위해 지키기로 약속한 행동 규칙을 통틀어 '규범(規範)'이라고 해요.

우리가 지키기로 약속한 규범은 그 종류가 아주 많아요. '아침에 일어나면 양치하고 세수하기'와 같은 사소한 생활 규칙에서 '인사하기', '지각하지 않기', '떠들지 않기' 등처럼 항상 지켜야 하는 생활 속 규범도 있어요. 또 '어려운 사람 도와주기' 등처럼 도덕적으로 살아가기 위해 지켜야 하는 도덕규범이 있고, '다른 사람을 속이지 않기'나 '다른 사람의 물건을 훔치지 않기'와 같은 규칙도 있는데 이런 것들은 지키지 않으면 벌을 받지요. 뿐만 아니라 '세금 내기'나 '군대에 가기'처럼 우리가 사는 국가를 유지하기 위해 꼭 필요한 법도 있어요. 그리고 우리는 매일매일 이러한 많은 약속, 즉 규범을 지키며 살아가고 있답니다.

이렇게 다양한 규범은 크게 '관습', '도덕', '법'으로 나누어 생각할 수 있어요.

'관습'은 우리가 살고 있는 사회와 가장 밀접하게 연관되어 있는 것으로, 사회에서 오랜 세월 동안 되풀이되면서 사람들이 따르게 된 규범이에요. 결혼식이나 장례식, 제사 같은 것들이 관습이지요. 웨딩드레스를 입고 치르는 우리나라의 결혼식은 서양의 결혼식과 비슷하지요. 하지만 결혼식이 끝난 후 신부와 신랑이 전통 혼례복을 입고 부모님께 절을 하는 폐백이라는 절차는 우리나라만의 고유한 관습이에요. 이처럼 관습은 사회와 밀접하게 연관되어 있고, 사회에 따라 무척 다양하지요.

'도덕'은 사람이 마땅히 지켜야 하는 행동입니다. 사회에 따라 달라지는 관습이나 예절과 달리, 도덕은 사회가 달라도 내용이 비슷하지요. 어느 사회에서 살고 있든 사람들이 지켜야 할 도리는 비슷하기 때문이에요. 예를 들어 '약속 지키기', '약한 사람을 도와주기' 등이 도덕규범이지요. 이러한 도덕규범은 잘 지키면 '착하다', 지키지 않으면 '착하지 않다'라는 소리를 듣게 됩니다.

'법'은 사회, 특히 국가를 유지하기 위해서 강제로 지키도록 하는 사회 규범이에요. 그래서 법을 지키지 않으면 벌을 받게 돼요. 대부분의 법은 도덕규범 중에서 지키지 않으면 문제가 생기는 것들을 정해 둔 것이에요. 예를 들어 '남의 것을 훔치면 안 된다'는 게 도덕규범이라면 '남의 것을 훔치면 처벌을 받는다'는 법인 것처럼 말이죠. 법은 도덕규범 중에서 최소한 이것만은 꼭 지켜야 하는 것으로 이뤄져 있기 때문에 '도덕의 최소한'이라고도 해요.

　하지만 도덕과 관련 없는 법도 있어요. 사회를 유지하기 위한 약속을 정해 둔 것인데, 대표적인 것이 교통규칙이나 세금을 내야 하는 법 등이지요. 교통규칙이나 세금을 내는 법은 도덕규범과는 상관없지만 여럿이 함께 살아가는 사회에서는 꼭 지켜야 할 약속이기 때문에 법으로 정해 둔 것이랍니다.

법이 왜 필요할까요?

법은 국가의 강제력을 가지는 사회 규범입니다. 크게는 관습이나 도덕과 같은 사회규범의 하나이지요. 하지만 법이 다른 사회 규범들과 다른 점은 강제력이 있기 때문에 이를 어기면 나라에서 처벌을 한다는 점이에요.

어떤 규범이든 사회가 있어야 소용이 있다는 내용을 기억하고 있죠? 혼자 살던 로빈슨 크루소에게 필요 없던 예절이나 규칙이 프라이데이와 함께 살면서 생겼을 거라는 이야기 말이에요. 하지만 로빈슨 크루소와 프라이데이의 사회에 '법'이 있었을까요? 그렇지 않아요. 왜냐하면 두 사람의 사회는 국가가 아니기 때문이지요.

국가는 몇몇 사람들이 모여서 만든 사회와는 달리, 매우 많은 사람들이 함께 만드는 사회예요. 우리는 모두 국가 안에서 살고 있지요. 그리고 그 국가에는 얼마나 많은 사람들이 있는지 한번 생각해 보세요. 이렇게 많은 사람들이 모여 살다 보니 국가에는 매우 다양한 사회가 있어요. 지역 사회, 공동체 사회, 친족 사회 등등…… 이러한 사회는 모두 나름대로의 규범들을 가지고 있지요.

그런데 문제는 너무 많은 사회와 지나치게 다양한 규범 때문에 혼란스러울 수 있다는 거예요. 도둑질을 한 사람에게 벌을 줄 때, 우리 마을에서는 곤장 100대를 때리고, 다른 마을에서는 곤장 10대만 때린다면 공평하지 않겠지요. 또 우리 마을에서는 우측통행을 하고 있는데, 다른 마을에서는 좌측통행을 한다면 어떻게 되겠어요? 우리 마을과 다른 마을의 경계에서는 매번 교통사고가 날 테지요. 이처럼 국가는 그 안에 속해 있는 다양한 사회의 규범들 중에서 중요한 것들을 통일해서 하나의 규범으로 만들어야 해요. 물론 모든 사회규범들을 다 통일할 필요가 있는 것은 아니지만, 다르면 불편하거나 심지어 위험한 경우에는 꼭 정리해야겠지요.

법이 도덕과 가장 다른 점은 법은 국가가 제정하여 강제로 집행한다는 점이에요. 도덕은 어기면 비난을 받지만, 법을 어기면 처벌을 받기 때문에 강제로라도 법을 지켜야 하죠. 다른 사람의 물건을 훔치는 것은 나쁜 짓이에요. 이것

은 양심에도 걸리는 일이고, 사회의 약속을 어기는 행동이
기도 하죠. 무엇보다도 법에서 금지하고 있는 일이에요. 그
러므로 국가는 법을 만들어 도둑질을 한 사람을 처벌하고,
다시 도둑질을 하지 못하게 해요. 이런 법이 있기 때문에
사람들은 도둑질을 하지 않는 것이기도 하지요.

  법은 아주 강력한 수단이에요. 도덕적으로 나쁜 행동을
저질렀다고 비난하는 것만으로는 그런 행위를 충분히 막을
수 없기 때문에 법으로 처벌을 하는 것이지요. 이처럼 법은
도덕 중에서도 꼭 지켜야 할 필요가 있는 것들을 정해서 지
키지 않을 때 처벌할 수 있도록 합니다.

  하지만 법이 항상 도덕에서 발전하는 것은 아니에요. 신
호등을 지키는 경우가 그렇지요. 파란불일 때 건너고, 빨
간불일 때 멈춰야 도덕적으로 옳은 것은 아니에요. 이처
럼 도덕과는 아무런 관련이 없는 법이 있는 이유는 무엇일
까요? 그것은 질서를 지키기 위해서입니다. 앞서 언급한 것
처럼 우리는 많은 사람들과 함께 살고 있어요. 도로도 복
잡하고 지나다니는 차와 사람도 많아요. 그런데 아무 때나
길을 건너면 어떻게 되겠어요. 법으로 빨간불일 때는 멈추
고, 초록불일 때는 건너기로 약속을 하면 훨씬 편하겠죠?
이처럼 옳고 그름을 따지는 도덕은 아니지만, 편하고 효율

적으로 사람들이 살아갈 수 있도록 하는 법이 아주 많이 있지요.

법은 항상 옳을까요?

법은 국가 안에서 사람들이 올바르고 편하게 살아가기 위해 꼭 필요해요. 하지만 법이 항상 옳고 편한 것만은 아니랍니다. 때때로 법이 사람들을 불편하게 만들기도 해요. 차가 많이 다니지 않는 좁은 길인데도 신호등이 자주 바뀌지 않아 한참을 기다려야 하는 경우가 대표적이지요.

심지어 법이 옳지 않은 경우도 있어요. 지금으로선 기가 막히는 일이지만, 옛날에는 경찰관이 바리캉과 자를 들고 다니면서 남자들의 머리 길이와 여자들의 치마 길이를 재던 시절이 있었어요. 긴 머리의 남자들과 짧은 치마를 입은 여자들이 단속의 대상이 되었죠. 무릎에서 17센티미터 이상 올라가는 짧은 치마를 입은 여자들은 경찰서로 끌려가 재판을 받고 이틀간 감옥에 갇혀 있어야 했어요. 이런 것뿐만 아니라 사람을 돈으로 사고팔던 노예제도가 법으로 정해져 있던 때도 있었어요.

이러한 법은 공평한 법이 아니에요. 옳지 않거나, 공평하지 않은 법은 바꾸어야 합니다. 오늘날 법은 사람을 신분에 따라 구분하거나 차별하지 않아요. 누구나 법 앞에서 평등하지요. 이는 헌법에 나와 있는 내용*이에요. 신분은 물론 성별에 따른 차별도 할 수 없어요.

★ 헌법 제11조 모든 국민은 법 앞에 평등하다. 누구든지 성별이나 종교 또는 사회적 신분에 의하여 정치적·경제적·사회적·문화적 생활의 모든 영역에 있어서 차별을 받지 아니한다.

법이 옳지 않을 때에는 옳은 방향으로 바꾸어 나가야 합니다. 누구나 똑같이 법을 적용받기 때문에 어느 누구도 법 때문에 피해를 받아선 안 되겠지요.

때로 법이 사람을 억울한 죽음으로 몰아가기도 해요. 고대 그리스의 철학자 소크라테스는 사람이라면 자신의 양심에 따라 살아야 한다는 도덕을 주장하고, 또 그것을 평생 실천한 사람이기도 합니다. 하지만 이렇게 반듯한 소크라테스는 아테네의 법에 의해 사형을 당해야 했죠.

소크라테스는 청년에게 해로운 영향을 주며, 국가가 인정하는 신을 인정하지 않고, 다른 신들을 섬기고 있다는 죄로 재판을 받았어요. 소크라테스는 당시 청년들에게 '올바른 것이 무엇인가', '어떻게 사는 것이 올바른 것인가' 등의 질문을 던지면서 올바르게 사는 것이 돈이나 권력보다

중요하다고 가르쳤어요. 당시 아테네에는 '말을 잘하는 법'이나 '돈을 잘 버는 법', '권력을 얻는 법' 등을 가르치는 소피스트들이 많았던 시대였는데, 소크라테스는 이렇게 이기적으로 사는 것은 올바르게 사는 것이 아니라고 끊임없이 설득했던 철학자이지요. 그는 사람들 마음속에는 자신의 다이몬, 즉 양심이라는 것이 있고, 이러한 양심에 따라 살아야 한다고 가르쳤어요.

하지만 이런 소크라테스의 도덕적인 가르침과 삶은 부패한 사람들에게는 자신들에 대한 비난이나 험담으로 들렸지요. 또 많은 청년들이 소크라테스의 가르침을 따르면 자신들을 지지해 주는 사람들이 적어질까 봐 염려했어요. 그래서 그들은 있지도 않은 죄를 만들어 소크라테스를 고발했습니다.

당시 아테네의 재판 제도는 '배심원 재판'이었어요. 아테네 시민 중에서 제비뽑기로 뽑힌 배심원 500명이 피고인의 유죄나 무죄를 결정하고, 형량을 결정하는 제도였습니다. 검사와 변호사, 혹은 고발인과 피고인이 재판에서 연설을 하고 배심원을 설득해서 표를 더 많이 얻는 쪽이 이기는 것이지요. 소크라테스의 연설은 매우 훌륭해서 『소크라테스의 변명』이라는 책으로 전해지고 있어요. 오늘날까지도 많은 사람들이 이 책을 읽으면서 양심에 따라 사는 것이 얼마나 중요한 일인지를 배우고 있지요. 하지만 당시에는 유죄와 무죄를 결정하는 1차 투표에서는 40표라는 근소한 차이로 유죄가 인정되었고, 형량을 결정하는 2차 투표에서는 많은 사람들이 사형에 찬성을 했어요.

감옥에 갇혀 사형을 기다리는 소크라테스에게 친구들은 억울하게 죽을 수는 없으니 탈옥을 해서 다른 나라로 도망을 가야 한다고 했지만, 소크라테스는 이를 거절했습니다. 탈옥을 하는 것은 법을 어기는 일이고 자신의 양심을 거스르는 옳지 않은 일이기 때문이었지요.

'악법도 법이다'라는 말은 매우 유명한 말입니다. 많은 사람들이 소크라테스가 탈옥을 권하는 말을 거절하면서 이 말을 했다고 알고 있지요. 소크라테스가 실제로 이런 말을 했는지는 알 수가 없어요. 하지만 소크라테스가 부당한 법에 의해 사형판결을 받고도 탈옥하지 않고 순순히 독이 든 술을 마시고 죽었다는 점에서 이런 말을 했을 거라는 그럴듯한 생각인 거지요.

그는 탈옥을 하는 것은 올바르지 못한 것이라고 생각했어요. 비록 아테네 시민들이 그에게 사형선고를 한 것이 올바르지 못한 일이라고 해도, 올바르지 못한 일을 당했다고 똑같이 올바르지 못한 일을 하는 것은 잘못이라는 것이지요. 어떤 사람이 이유 없이 나를 주먹으로 때렸다고 해서 나도 똑같이 주먹으로 때린다면 그것도 잘못이라는 거예요. 아무 이유 없이 나를 때린 사람과 똑같이 나쁜 사람이 되는 것이지요.

또한 사형선고가 배심원 투표라는 올바른 절차로 결정됐기 때문에 지켜야 한다고 생각했어요. 사람들이 자신들의 판단에 따라서 국가가 정한 법률을 마음대로 무시하고 따르지 않는다면 국가가 불안정해진다고 생각했지요.

이를 설명하는 용어가 '법적 안정성'이라는 말이에요. 법적 안정성이란, 법은 국민 행위의 규범이므로 자주 바뀌면

혼란을 주게 되고, 사회도 안정될 수 없기 때문에 쉽게 만들거나 바꾸어서는 안 된다는 뜻이에요. 법이 자주 바뀌어 사람들이 자기의 형편과 사정에 따라 법을 제각기 받아들인다면 법과 국가가 올바르게 유지되기 힘들겠지요. 따라서 올바른 형식과 절차에 의해 만들어진 법은 그것이 올바른 것이 아닐지라도 지켜야 한다는 게 소크라테스의 생각이었어요.

악법에는 저항해야 한다

영화와 뮤지컬로도 유명한 빅토르 위고의 작품 『레미제라블』에는 장발장이라는 주인공이 나와요. 장발장은 '불쌍한 사람들'이라는 작품의 제목처럼 무척 불쌍한 사람입니다. 빵 한 조각을 훔친 죄로 19년 동안 감옥 생활을 해야 했거든요. 물론 그가 빵을 훔친 것은 사실이지만, 그것은 굶어 죽어 가는 어린 조카들을 살리기 위한 어쩔 수 없는 일이었어요. 하지만 가혹했던 당시 프랑스 법에 따라 5년 형을 선고받았고, 조카들을 돌보기 위해 탈옥을 했다가 잡혀 결국은 19년 동안이나 감옥에 있어야 했지요. 가석방된 장발장은 세상과 법을 원망하며 지내다 자신에게 따뜻한 음식과 숙소를 제공해 준 교회에서 은촛대를 훔쳐 달아나죠. 하지만 그의 죄를 감싸준 마리엘 신부에게 크게 감동받아 새로운 인생을 살기로 결심합니다. 그 뒤 장발장은 신분을 숨기고 다른 사람으로 살면서 착한 일을 많이 했어요. 마차에 깔린 노인을 구하고, 불쌍하게 죽은 팡틴의 딸 코제트를 마치 자신의 딸처럼 보살피기도 하지요.

한편, 자베르 경감은 가석방 상태에서 사라진 장발장을 여전히 쫓고 있었어요. 자베르 경감은 나쁜 사람은 절대 변하지 않는다고 생각하는 사람이에요. 이런 자베르에게 장발장은 단지 가석방 상태에서 달아난 죄수번호 24601일 뿐이었지요.

하지만 장발장은 자베르 경감을 원망하지 않았습니다. 그저 법에 따라 할 일을 하는 사람이라고 생각했지요. 심지어 자베르 경감의 목숨이 위험에 처했을 때는 구해 주기도 하고요. 자베르는 장발장에게 은혜를 입고 난 후 법에 따라 장발장을 체포해야 한다는 신념과 생명의 은인을 체포할 수 없다는 양심 사이에서 갈등하다 결국 스스로 목숨을 끊고 말아요.

이 장면에서 사람들은 자베르 경감의 갈등을 충분히 이

해할 수 있어요. 과연 법을 지켜서 장발장을 체포해야 할까요, 아니면 그를 자신의 목숨을 구해 준 좋은 사람이라고 생각해야 하는 걸까요? 여러분의 생각은 어떤가요?

법에는 법의 안정성만큼이나 중요한 요소가 있어요. 그것은 '법의 합목적성'이라는 거예요. 법은 도덕과 마찬가지로 사회를 유지하고, 사람들을 바르게 살게 하는 사회규범입니다. 이러한 법이 사람들이 올바르게 또는 착하게 사는 것을 방해한다면 그것은 옳은 법이라고 할 수 없어요. 그런 잘못된 법은 없어져야 하지요.

1955년 12월 1일, 미국의 몽고메리라는 도시에서 역사를 뒤흔든 사건이 일어났어요.

백화점에서 일하는 로자 파크스*라는 여성이 일을 마치고 집으로 가는 버스를 탔어요. 당시 버스는 법으로 백인의 좌석과 유색인이 타는 좌석으로 나누어져 있었고, 심지어 유색인은 백인이 자리를 요구하면 양보해야 했지요. 로자가 탄 버스에 백인들이 많이 타자 운전수는 로자에게 자리에서 일어나라고 요구했어요. 로자는 흑인이었거든

★ 로자 파크스(1913~2005) 백인 승객에게 자리를 양보하라는 버스 운전사의 지시를 거부한 죄로 경찰에 체포되었다. 이 사건은 382일 동안 몽고메리 버스 승차 거부 운동으로 이어졌고, 큰 규모로 번져 나갔다. 이때 마틴 루서 킹 목사가 이 운동에 참여하게 되고 결국 아프리카계 미국인의 인권과 권익을 개선하고자하는 미국 민권 운동의 시초가 되었다.

요. 더 이상 이런 인종차별적인 법을 참을 수 없었던 로자는 이를 거부했어요. 결국 그녀는 흑인은 자리를 양보해야 한다는 '흑백 분리에 관한 법률'을 어겼다고 경찰에 체포되어 재판을 받아야 했지요.

이 사건은 흑인들은 물론 많은 사람들을 분노하게 했고, 이와 같은 잘못된 법률에는 당연히 저항해야 한다는 운동이 벌어졌어요. 분노한 사람들은 흑인과 백인을 차별하는 버스에 타는 것을 거부하고 먼 길을 걸어다니는 수고도 마다하지 않았지요. 결국 이 사건은 흑인과 백인을 차별하는

법이 폐지되는 데 커다란 계기가 되었어요.

이와 같이 악법에 저항하는 시민들의 행동을 '시민 불복종'이라고 불러요. 법률이 도덕적으로 옳지 않을 때 일부러 법을 위반하는 행동을 하는 것이지요. 사람을 돈으로 사고파는 노예제도를 정당화하려는 당시 미국 정부의 행동에 분노해 납세 거부 운동을 지지한 헨리 데이비드 소로*의 『시민불복종』이라는 책에서 출발한 생각이에요.

> ★ 헨리 데이비드 소로 (1817~1862) 미국의 사상가이자 문학가이다. 자연을 사랑하고 사회문제에 민감했다. 멕시코 전쟁에 반대하여 납세 거부 운동을 벌였고, 이를 바탕으로 『시민불복종』을 썼다.

"법이 당신으로 하여금 다른 사람에게 불의를 행하는 하수인이 되라고 한다면 그 법을 어겨라!"

이런 소로의 정신은 법이 반드시 옳지는 않으며, 올바르지 않은 법에는 저항하고 나아가 그 법을 없애야 한다는 생각을 널리 퍼뜨렸지요.

'시민 불복종'에 영향을 받은 가장 대표적인 사건은 인도의 마하트마 간디의 비폭력운동인 '소금행진'이에요. 소금은 사람이 살기 위해 반드시 필요한 것이지요. 당시 영국의 식민지였던 인도에서 소금은 영국 왕의 허락이 없이는 만들 수도, 팔 수도 없었습니다. 당연히 식민지였던 인도에서 소금은 매우 비싼 물건이 되어 버렸지요.

간디는 이런 법은 옳지 않으며, 이에 불복종하고 저항해야 한다고 생각했지요. 1930년 3월 12일, 간디는 넓은 인도를 가로질러 소금을 만들 수 있는 해안까지 무려 380km를 걸어가는 행진을 시작했어요. 출발할 때는 78명에 불과했지만, 마을과 마을을 거치면서 사람들이 몰려들기 시작해서 수만 명이 넘는 사람들이 간디의 뒤를 따르기 시작했고, 놀란 영국 정부는 경찰과 군대를 동원해 탄압했어요. 무려 6만 명이 넘는 사람들이 체포되었을 뿐만 아니라, 320명이 부상을 입었고 두 명은 목숨을 잃었다고 해요.

하지만 이 사건을 계기로 인도 사람들은 자신들을 억압하는 영국과 영국의 법에 강력하게 저항했고, 결국 오늘날 인도의 독립을 이루는 데 큰 기여를 하게 되었지요.

법은 완전하지 않다

장발장의 경우, 그가 법을 어긴 것은 분명해요. 그는 빵을 훔쳤고, 감옥에서 탈옥했고, 은촛대를 훔쳤어요. 마치 이런 일이 없었던 듯이 장발장이 아무 죄가 없다고 생각하는 것은 불가능하지요. 법적 안정성을 주장하는 사람들은 분명히 범죄를 저질렀기 때문에 장발장이 처벌받아야 한다고 생각할 거예요. 하지만 그가 그런 행동을 한 이유를 생각하면 조금 다른 결론이 나올 수도 있어요. 장발장이 빵을 훔친 것은 자기가 먹고 싶어서 그런 게 아니에요. 자신이 돌봐야 하는 굶어 죽어 가는 어린 조카들 때문이었지요. 굶주리는 조카들이 있다면 당연히 돌봐야 하고 이것이 도덕적으로 올바른 행동인 것은 분명합니다. 오늘날에는 이러한 경우 책임지고 양육을 해야 하는 법적 의무가 있어요. 만약 조카들이 굶어 죽도록 방치한다면, 그런 삼촌은 법으로 처벌받지요.

물론 빵을 훔치는 방법으로 조카들을 돌보려 했다는 점은 잘못됐지만 그 죄로 어린 조카들을 방치한 채 그렇게 오래 감옥살이를 하게 하는 법은 무척 가혹하다고 할 수 있어요. 그렇다면 이런 법은 문제가 있다는 게 사람들의 상식에 맞고, 법의 목적에도 맞는 것이 아닐까요.

법은 사람들이 만들기 때문에 올바르지 못한 경우가 있어요. 그렇다면 이런 악법은 어떻게 해야 할까요? 장발장의 사례에서 우리가 알 수 있는 것은 법을 보완할 필요가 있다는 것이지요. 즉, 빵을 훔친 죄로 장발장을 감옥에 보낸 법이 틀린 것은 아니지만, 불쌍한 장발장의 사정을 살펴줄 수 있도록 보완을 해야 할 필요가 있다는 것입니다.

오늘날에는 장발장과 같은 사례를 '생계형 범죄'라고 부르고, 집행유예라고 해서 처벌을 미루는 경우가 많아요. 하지만 보다 근본적인 해결책은 굶주림에 허덕이는 사람이 생기지 않도록 '복지제도'를 법으로 보장하는 것입니다. 정부와 국가가 생활이 어려운 사람들을 돕는 '국민기초생활보장법'과 같은 오늘날의 복지제도가 있었다면, 장발장의 조카들은 굶지 않을 수 있었을 테고 장발장도 빵을 훔치지 않았겠지요.

법은 완전하지 않아요. 필요에 따라 만들어진 법이니만큼 필요하다면 그 사회에 맞게 바뀌어야 할 거예요.

세계에는 참 많은 나라들이 있으며, 정말 이상한 법도 많아요. 태국에서는 속옷을 입지 않고 집 밖에 나가면 불법이라고 하네요. 그런데 어떤 법은 이상한 정도가 아니라 절대로 있어서는 안 되는 것도 있어요. 사람을 돈으로 사고파는 노예법이 그런 법이겠지요. 만약 우리나라에 이런 법이 있으면 어떻게 해야 할까요? 법이니까 당연히 지켜야 할까요, 아니면 항의를 하고 저항해서 없애야 할까요?

나쁜 법을 없애는 것이 쉽지는 않아요. 미국에서는 노예제도를 없애기 위해 전쟁까지 해야 했지요. 노예제도를 찬성하는 미국 남쪽과 반대하는 북쪽이 싸웠는데, 다행히도 링컨 대통령이 이끄는 북부가 이겼기 때문에 미국에서 노예제도는 없어지게 되었지요. 하지만 이후에도 한동안 미국에서는 흑인과 백인의 공간을 분리하는 법이 있었어요. 학교도 백인 학교와 흑인 학교가 달랐고, 버스나 기차에서도 백인과 흑인은 각기 다른 좌석에 앉아야 했지요. 흑인과 백인을 차별하는 법에 대해 항의했지만 미국의 대법원에서는 "피부 색깔로 좌석을 나눈 것은 잘못이지만, 양쪽 모두 똑같이 나누면 괜찮다"는 이상한 이유로 '분리하되 평등하다'며 이 법을 옹호했지요.

이 법을 무너뜨린 것은 딸을 사랑하는 한 아버지의 행동이었어요. 1951년 캔자스주 토피카에 살던 올리버 브라운은 8살짜리 딸 린다가 가까운 학교를 두고 위험한 철도를 건너서 다섯 블록이나 떨어진 흑인 학교에 가야 한다는 것이 너무 걱정되었어요. 그래서 가까운 학교에 다니게 해 달라고 재판을 신청했지요. 여러 번의 재판을 거쳐야 했지만, 1954년 연방대법원의 만장일치로 흑인과 백인이 각기 다른 학교를 가야 한다는 흑백 분리 학교는 헌법에 맞지 않으며, 그러니 폐지해야 한다는 판결을 얻었습니다.

하지만 여전히 남부의 많은 지역에서는 법원의 판결을 무시하고 흑인이 백인 학교에 올 수 없도록 방해하고 위협했어요. 1957년 아칸소주 리틀록의 백인 학교인 센트럴 고등학교에 흑인 학생 9명이 입학을 하려 하자, 주지사는 학생들을 보호하고 혼란을 방지한다는 명분으로 군대를 출동시켜 흑인 학생들의 등교를 막기까지 했어요.

당시 대통령이었던 드와이트 아이젠하워는 주지사를 불러 경고하고, 연방군인 101 공수부대를 센트럴 고등학교로 보내 학생들의 등교를 돕고 수업이 진행되는 동안 보호해 주었어요. 학교에 입학한 이후에도 계속

된 온갖 협박과 모욕에도 이들 9명의 학생들은 끝까지 학교를 다녀 백인
학교를 졸업한 최초의 흑인들이 되었고, 결국 미국에서 흑백 분리 학교는
사라지게 되었지요. 이들은 흑인과 백인을 분리하는 나쁜 법을 없애도록
한 상징적 인물이 되었고, 이 사건을 그린 영화가 만들어지기도 했지요.
2007년에는 이들을 상징하는 9개의 별이 그려진 기념화폐도 만들어졌
고, 2008년에는 미국 최초의 흑인 대통령으로 당선된 오바마의 취임식
에 초대받아 참석하기도 했답니다.

5장

도덕은
왜 배워야
할까요?

놀부는 왜 못된 짓을 했을까요?

가난한 베니스의 청년 바사니오는 아름답고 지혜로운 여인 포샤에게 청혼하기 위해 친구 안토니오에게 도움을 요청했어요. 하지만 가진 돈을 모두 무역선에 투자한 안토니오는 고리대금업자인 샤일록에게 무역선이 돌아오면 갚을 것을 약속하고 300다카트를 빌려 바사니오를 도왔지요. 평소 자신을 고리대금업자라고 무시했던 안토니오가 미웠던 샤일록은 돈을 빌려 주면서, 갚기로 한 날짜를 어기면 살 1파운드를 내놓기로 한다는 계약서를 썼어요. 그런데 그만 안토니오의 무역선이 폭풍을 만나 약속한 날짜에 돈을 갚지 못하게 되었지요. 샤일록은 기다렸다는 듯이 계약서에 따라 살 1파운드를 내놓으라고 그를 고소했지요. 1파운드의 살을 베어 내면 죽을 수밖에 없을 텐데, 결국 안토니오의 목숨을 내놓으라는 것이나 마찬가지였어요.

그 사실을 알게 된 포샤는 안토니오를 구하기 위해 재판

관으로 변장하고 법정에서 명판결을 내렸어요. '계약서에는 살 1파운드를 준다고 했으니 샤일록이 직접 칼로 안토니오의 살을 베어 내라. 하지만 단 한 방울의 피도 흘려서는 안 되며, 1파운드에서 조금이라도 넘치거나 모자라면 샤일록을 처벌하겠다'라는 판결이었지요.

'사악한' 샤일록은 제 꾀에 넘어간 꼴이 되고 말았어요. 피를 흘리지 않고 살을 베어 낼 방법은 없으니까요. 게다가 샤일록에게 안토니오의 생명을 빼앗으려 한 죄를 물어 재산을 몰수하는 벌까지 내렸어요. 그리고 그 순간 폭풍을 만났다던 안토니오의 무역선이 무사히 항구에 입항했다는 소식이 전해지면서 모두가 행복한 결말을 맞았지요. 딱 한 사람, 샤일록만 빼고 말이죠. 하지만 이 이야기를 읽는 사람들은 샤일록의 불행에 마음 아파하지는 않을 거예요. 왜냐하면 샤일록은 나쁜 사람이니까요.

이 이야기는 셰익스피어의 희곡 『베니스의 상인』의 내용이에요. 이 이야기처럼 우리가 어릴 때 읽은 많은 이야기는 착한 사람은 행복해지고, 나쁜 사람은 불행해지는 것으로 끝이 나요. 『흥부전』에서 흥부는 큰 부자가 되지만, 놀부는 박 속에서 나온 장비에게 혼쭐이 나고 전 재산을 다 잃게 되지요. 물론 잘못한 행동에 대한 벌이기는 하지만 한편으로는 불쌍하기도 하지요.

그런데 그들은 왜 나쁜 사람이 되었을까요?

놀부에 대해서는 재미있는 이야기가 있어요. 놀부가 나쁜 짓을 하는 것은 놀부의 뱃속에 '심술보'가 있기 때문이라는 거예요. 놀부가 나쁜 짓을 하는 게 심술보 때문이라면, 그의 행동은 심술보가 책임져야 하지 않을까요?

말도 안 된다고요? 하지만 오늘날에는 놀부가 심술보를 가진 것처럼 나쁜 행동을 하는 게 신체나 정신의 문제 때문이라는 판단이 들 때에는 처벌을 하지 않기도 해요. 예를 들어, 정신 질환이 있는 범죄자의 경우에는 처벌을 하기보다는 치료를 해야 한다고 생각하는 경우가 바로 그것이죠. 그러니 놀부의 못된 짓이 심술보 때문이라면 오늘날에는 형법 10조의 '심신장애로 의사를 결정할 능력이 없는 자의 행위는 처벌하지 않거나 형을 줄여준다'는 조항에 따라 벌을 받지 않을 수도 있을 거예요.

이러한 주장은 생물학적인 원인이 사람의 행동에 큰 영향을 끼친다는 생물학적 결정론, 유전자 결정론과 일맥상통하는 생각이에요.

남자와 여자가 결혼할 때, 보통은 서로 사랑하기 때문이라고 생각하지만 생물학적 결정론에 따르면 그것은 유전자 때문이에요. 유전자가 결혼하고 싶어지는 사랑이라는 감정을 만들어내기 때문인데, 그 까닭은 결혼을 하고 자식을 낳아야 유전자가 사라지지 않고 남기 때문이지요.

이런 식으로 따지면 착한 행동이든 나쁜 행동이든 사람의 모든 행동은 유전자 때문이라고 설명할 수 있어요. 마치 놀부가 심술보 때문에 못된 짓을 한 것처럼 말이에요.

이런 유전자 결정론 혹은 생물학적 결정론은 행위에 '책임'을 없애 버리기 때문에 매우 위험한 이론이에요. 나쁜 짓

을 한 사람이 내 잘못이 아니라 유전자 때문이라고 한다면 어떻게 해야 할까요? 유전자의 잘못이니 벌을 주지 말아야 할까요? 착한 행동도 마찬가지예요. 착한 행동을 한 사람에게 너의 유전자가 한 일이니까 상을 주지 않겠다고 해야 할까요?

이처럼 생물학적 결정론은 상을 주거나 벌을 줄 수 있는 근거인 도덕적 책임을 사라지게 하는 무서운 이론이지요. 상도 없고 벌도 없다면 대부분의 사람들은 착한 행동을 하지 않고 악한 행동만 하게 될 테고, 세상은 무서운 지옥이 되어 버리지 않을까요.

사회가 사람을 나쁘게 만든다고?

놀부와 달리 샤일록은 심술보가 없어요. 그렇다면 샤일록은 왜 그런 사악한 짓을 했을까요? 사실 샤일록이 악인이라고 생각하지 않는 사람들도 많아요. 왜냐하면 샤일록이 그렇게 행동한 것은 유대인이기 때문에 받았던 차별에 대한 저항이라고 생각하기 때문이지요.

오랜 옛날 로마제국에게 패배해 나라를 잃고 떠돌아 살

아야 했던 유대인들은 오랫동안 차별받아야 했어요. 대부분 기독교를 믿었던 서양인들은 자신들과 다른 종교인 유대교를 믿는 유대인들을 벌레만도 못하다고 생각했어요. 예수도 유대인이었음에도 불구하고 같은 민족인 유대인들에 의해 처형당했다는 것 때문에 유대인이 사악하고 음흉한 사람들이라고 생각했지요. 더욱이 돈을 빌려 주고 이자를 받는 일을 천하게 생각했기 때문에, 유대인이면서 고리대금업자인 샤일록은 더욱더 차별을 받을 수밖에 없었지요. 평소 안토니오도 샤일록을 벌레만도 못한 유대인이라고 멸시했어요. 샤일록이 안토니오를 죽이고 싶어서 살 1파운드를 요구한 이유는 아마도 평소에 받았던 차별 때문일 거예요.

누구라도 자신을 무시한다면 미워하는 것은 당연한 일이겠지요. 그렇다면 오히려 샤일록을 차별하고 멸시한 안토니오가 나쁜 사람이지 않나요? 벌은 샤일록이 아니라 안토니오가 받아야 한다고 생각할 수도 있어요. 하지만 조금만 더 깊이 생각해 보면 안토니오가 샤일록을 멸시한 것도 그가 그런 문화를 가진 서양에서 태어나고 자랐기 때문은 아닐까요. 그러면 또 안토니오도 죄가 있다고 말할 수 없겠네요.

이처럼 어떤 사람이 한 착한 혹은 나쁜 행동의 원인은 그가 속해 있는 사회나 환경에 있다는 이론을 '사회 결정론' 혹은 '환경 결정론'이라고 합니다. 이 이론에 따르면 사람은 본래 아무런 색깔도 없는 백지, 즉 '하얀 종이'와 같은 존재로 태어나지만, 자신이 사는 사회나 환경에 따라서 착한 사람이 되거나 악한 사람이 된다는 것이죠.

생물학적 결정론에 비해 환경 결정론에는 커다란 장점이 있어요. 유전자는 우리가 마음대로 할 수 없는 것이지만, 우리가 살고 있는 환경, 즉 사회나 문화는 우리가 마음대로 고칠 수 있다는 점이에요. 안토니오가 유대인을 차별하는 문화 속에서 자라 당연히 인종차별주의자가 될 수밖

에 없었다는 환경 결정론이 옳은 이론이라면, 그 사회에서 인종차별의 문화를 없애 버리면 더 이상 인종차별주의자가 생기지 않을 테지요. 장발장처럼 가난 때문에 범죄를 저지르는 사람이 생겨나지 않도록 하려면, 누군가 굶어 죽을 정도로 가난해지지 않도록 복지정책을 갖추면 되는 일이에요. 실제 환경 결정론은 사람들이 살아가는 사회와 문화를 더 좋고 올바른 것으로 바꾸는 데 큰 기여를 하기도 했답니다.

나쁜 사람이 될 운명이었다면?

놀부의 못된 짓이 심술보 때문이라고 말하는 유전자 결정론, 장발장의 도둑질을 가난 때문이라고 말하는 환경 결정론과 같은 이론을 '결정론'이라고 해요. 그 밖에도 우리가 주위에서 자주 듣는 결정론은 '운명'이라는 말이에요. 사실 운명이라는 말은 종교적인 결정론이라고 할 수 있어요. 옛날 사람들은 하늘에 사는 신들이 인간을 만들면서 어떻게 살고 죽을지도 결정해 놓았다고 생각했거든요.

옛날 그리스 테베의 왕과 왕비 부부에게서 아이가 태어

났는데, 왕과 왕비는 아이의 운명이 궁금해서 무녀를 통해 신의 뜻을 물었어요. 돌아온 말은 '아버지를 죽이고, 어머니와 결혼할 것'이라는 매우 끔찍한 예언이었지요. 겁이 난 왕과 왕비는 사냥꾼에게 아이를 산으로 끌고 가서 죽이라는 명령을 내렸어요. 깊은 산으로 아이를 데려간 사냥꾼은 직접 죽이지 않고, 짐승에게 잡아먹히도록 아이를 나무에 거꾸로 매달아 놓았어요. 하지만 아이는 운이 좋게도 죽기 전에 발견되었고 퉁퉁 부은 발이라는 뜻의 오이디푸스라는 이름도 얻어 무럭무럭 자랐습니다.

힘이 세고 훌륭한 전사로 자란 오이디푸스는 길을 떠나게 되었어요. 그러던 어느 날 아주 좁은 길에서 마차에 탄 노인과 맞서게 되었는데 웬일인지 미친 듯이 화가 나 그만 그를 죽이고 말았지요. 한편, 테베의 왕비는 골칫거리였던 스핑크스를 없애는 자에게 왕이 되게 해 주겠다고 알렸어요. 오이디푸스는 이 스핑크스를 없애고 왕비와 결혼해 왕위에 올랐지요. 하지만 곧 자신이 죽인 노인이 아버지였고, 왕비가 자기의 어머니라는 것을 알게 되었어요. 너무도 끔찍한 운명에 절망한 나머지 스스로 자기의 두 눈을 멀게 하고 왕국을 떠나 방랑하다 죽었습니다.

이 이야기는 고대 그리스의 작가 소포클레스가 쓴 『오이디푸스왕』입니다. 이 끔찍한 이야기에 두 가지 의문을 가질 수 있어요. 먼저 정해진 운명은 벗어날 수 없는 것인가라는 점이에요. 운명을 피하기 위해 노력했지만 오이디푸스는 아버지를 죽이고 어머니와 결혼할 것이라는 예언에서 벗어나지 못했어요. 만약 오이디푸스의 아버지인 왕이 그런 신탁 따위는 무시하고 아이를 버리지 않았다면 어떻게 되었을까요?

두 번째 의문은 오이디푸스가 아버지인 왕을 죽인 것이 그의 책임인가 하는 것이지요. 어릴 때 헤어졌기 때문에 아버지인 줄 몰랐다고는 하지만 사람을 죽인 것은 분명히 큰 범죄입니다. 하지만 아버지를 죽일 운명이었던 오이디푸스는 과연 길에서 마주친 아버지를 죽이지 않을 수 있었을까요?

어떤 행동이 범죄가 되려면 그 행동을 하지 않을 수 있어야 합니다. 즉, 죽일 것인가 죽이지 않을 것인가 선택할 수 있어야만 범죄가 되는 것이지요. 이렇게 선택이 가능할 때 어떤 행동을 선택하는 것을 '자유의지'라고 하는데, 도덕적 책임에서 꼭 필요한 것입니다.

배가 고파 사슴을 잡아먹는 사자가 사슴을 죽이는 것이 범죄일까요? 칼을 들고 덤벼드는 강도와 싸우다 강도를 죽인 사람은 살인죄를 저지른 것일까요?

이 두 경우 모두 범죄가 아니지만 다른 점이 있지요. 사슴을 잡아먹는 사자를 '나쁜 사자'라고 말하는 사람은 없어요. 왜냐하면 이성이 있는 사람이라면 배가 많이 고프더라도 사슴을 잡아먹을지 그러지 않을지 선택할 수 있는 자유의지가 있지만, 배고픈 사자에게는 본능에 따라 사슴을 잡아먹는 것 이외에 다른 선택은 없기 때문이지요. 따라서 자유의지가 없는 사자에게는 책임을 묻지 않는 것이고, 자유의지가 있는 사람은 자신의 행동에 대해 책임을 져야 하는 것입니다.

강도와 싸우다 강도를 죽인 사람의 경우는 조금 다릅니다. 당연히 살인죄가 아니라고 말할 수 있겠지만, 사실은 정확히 어떤 상황이었는지 조금 더 깊이 살펴보아야만 처벌을 할지 하지 않을지 결정할 수 있어요. 흔히 정당방위라고 부르는 행위는 자기 자신이나 또는 타인을 지키기 위해 부득이하게 해를 끼치게 되는 것으로, 설령 상대를 죽였다 하더라도 정당방위가 확실하다면 살인죄로 처벌받지 않아요.

이렇게 정당방위로 인정받기 위해 무엇보다 중요한 것은 다른 수단이나 방법을 선택할 수 없어야 한다는 점이에요.

상대방에게 해가 되는 행위 외에는 다른 방법이 없는 상황이라서, 다른 선택을 할 수 있는 자유의지가 없어야만 살인죄가 아니게 되는 것이지요. 그렇지 않은 경우엔 처벌받게 돼요.

강도를 만났지만 강도가 칼을 놓쳤고, 또 자신이 강도보다 훨씬 덩치가 크고 심지어 태권도 유단자라면 강도를 죽이는 것은 정당방위가 아닌 과잉방위가 되어 처벌을 받게 되죠. 왜냐하면 강도를 죽이지 않고 때려눕힌다는 선택을 할 수 있기 때문이에요.

길에서 만난 노인을 죽인 오이디푸스의 경우는 어땠을까

요? 운명론과 같은 결정론에 따르면 오이디푸스를 살인자라고 손가락질하는 것은 부당한 일이에요. 왜냐하면 그는 노인을 죽일 운명이어서 노인을 죽이지 않을 자유의지가 없었기 때문이지요.

반면에 결정론을 부정한다면 오이디푸스는 노인을 죽일지 죽이지 않을지 결정할 자유의지가 있었어요. 따라서 자유의지에 따라 죽이지 않을 수 있음에도 불구하고, 사람을 죽인 오이디푸스는 처벌받아야 하는 살인자인 것이죠.

좋은 행동과 나쁜 행동은 어떻게 알 수 있을까요?

스핑크스를 해치운 오이디푸스는 열광적인 환호를 받으며 왕이 됩니다. 하지만 오이디푸스는 테베 사람들을 위해 스핑크스를 죽인 것은 아니에요. 우연히 여행 중에 만난 스핑크스가 수수께끼를 풀지 못하면 잡아먹겠다고 위협을 하는 바람에 자신의 목숨을 건지기 위해 수수께끼를 풀었고, 절망한 스핑크스가 스스로 절벽에서 뛰어내린 것이지요. 하지만 테베 사람들은 어쨌든 '결과'가 좋으면 모든 것이 좋다고 생각했는지 오이디푸스에게 큰 상을 줍니다.

이와 같이 어떤 일이 생겨난 동기나 과정에 상관없이 결과만 좋으면 된다는 생각을 '결과주의'라고 해요. 우리 속담에도 '모로 가도 서울만 가면 된다'는 말이 있지요. 서울을 가는 길은 아주 많습니다. 기차를 타거나 버스를 타고 갈 수도 있고, 심지어는 걸어갈 수도 있지요. 이 모든 방법이 어쨌든 서울에 갈 수 있으니 똑같다고 말할 수 있을까요? 좋은 행동과 나쁜 행동에 대한 판단도 마찬가지예요. '소 뒷걸음질하다 쥐 잡는다'는 속담처럼 어떤 행동이 우연히 좋은 결과가 생길 수는 있겠지만 그 행동을 과연 좋은 행동이라고 할 수 있을까요?

타임머신을 타고 옛날로 돌아간 사람이 은행을 털어 차를 타고 도망가다 한 어린아이를 치어 죽였어요. 그런데 그 어린아이가 커서 잔인한 전쟁을 일으키고 많은 사람을 죽인 히틀러였다면, 그 사람은 사람들의 생명을 구한 영웅일까요, 아니면 은행을 털고 어린아이를 죽인 범죄자일까요?

결과주의에서 본다면 그는 분명히 전쟁을 막고 사람들의 생명을 구한 것이기 때문에 나쁜 짓을 한 것이 아니에요. 오히려 그가 구한 사람들의 수만큼 좋은 일을 한 것이지요. 여러분은 이 사람이 영웅이라고 생각하나요? 많은 사람들은 은행을 털고 어린아이를 죽인 일은 나쁜 일이라고 생각할 거예요.

　결과주의와 반대로 사람의 행동에서 중요한 것은 그 행동을 하는 의도라고 생각하는 것을 '동기주의'라고 해요. 맹자는 착한 행동이란 착한 마음이 동기가 되어야 한다고 생각했어요. 예를 들어 달걀이 든 바구니를 들고 가던 소녀가 절벽으로 기어가는 아이를 보았을 때, 소녀는 달걀 바구니가 아무리 소중하더라도 그 바구니를 던져 버리고 아이를 구하기 위해 뛰어갈 것이라고 생각했지요. 그때 소녀는 아이를 구하면 아이의 부모가 보답을 할 테니 괜찮을 것이라고 생각했을까요? 아마 그런 생각을 할 겨를 없이 순식간

에 행동을 할 테지요.

맹자에 따르면 이처럼 사람들이 착하고 올바른 행위를 하게 되는 동기가 무려 네 가지나 있다고 해요. 불행한 처지에 있는 사람들을 불쌍하게 생각하는 마음, 나쁜 것을 미워하는 마음, 다른 사람에게 양보할 줄 아는 마음, 그리고 옳고 그른 것을 가리고 올바른 것을 좋아하는 마음이지요. 착하고 올바른 행위는 이러한 네 가지 마음이 동기가 되어 생겨난 것이에요.

서울에 가는 방법은 여러 가지가 있을 수 있어요. 그렇다고 해서 서울에 가는 '좋은 방법'이 없는 것은 아니에요. 터덜터덜 두발로 걸어 서울을 간다고 하면 서울에 도착하자마자 지쳐서 쓰러지지 않겠어요? 역시 걷는 것보다는 버스를 타고 가는 것이 훨씬 좋은 방법이겠지요. 이처럼 행동의 결과가 같다고 해서 좋고 나쁜 구별을 할 수 없는 것은 아니에요.

마찬가지로 사람의 행동도 도덕적인지 아닌지 판단하는 방법으로는 결과보다는 동기가 훨씬 더 중요한 기준이지요. 스핑크스를 죽인 오이디푸스의 행동이 자신이 살기 위해서였다면 결과적으로 사람들에게 도움이 되었다고 해도 그 행동 자체가 좋은 행동, 도덕적 행동이라고 할 수 없어요.

도덕 공부는 왜 해야 할까요?

잃어버린 지갑을 누군가 주워서 돌려줬다고 생각해 봅시다. 이때 지갑을 주워 돌려준 사람이 사례금을 요구하면 기분이 어떨까요?

물론 지갑을 주워 돌려준 행동은 좋은 행동이에요. 하지만 사례금을 요구하는 그 사람의 행동을 칭찬할 수 있을까요? 물론 결과주의의 입장에서 본다면 지갑이 돌아왔기 때문에 결과적으로는 좋은 일이에요. 하지만 동기주의의 입장에서는 사례금을 바라고 그런 행동을 한 그 사람의 동기가 옳지 않다고 생각하기 때문에 올바른 행위라고 말하기 어렵겠지요. 누구나 사례금을 바라고 한 행동보다 지갑을 잃어버린 사람을 걱정하는 마음, 즉 착한 동기로 지갑을 돌려주는 게 훨씬 좋은 일이라고 생각할 거예요.

도덕 공부가 중요한 이유는 착한 동기를 배울 수 있기 때문이에요. 하지만 정말 도덕 공부가 사람들을 착하게 만드는지는 한번 생각해 볼 필요가 있어요.

맹자와 루소 등의 철학자들은 사람의 마음이 본래 착하다고 생각했어요. 사람들의 마음속에는 누구나 네 가지 착한 마음을 가지고 있다고 말한 맹자와 마찬가지로, 루소[*]

122

는 사람들의 본래 마음은 남을 속이려고 하지도 않고 남의 것을 빼앗으려고 하지도 않는 어린아이처럼 순수하다고 생각했지요. 이러한 생각을 '성선설'이라고 해요. 이렇게 순수한 사람들이 함께 모여 사는 사회라면 법이나 도덕 같은 것을 따로 만들거나 공부할 필요는 없을 거예요. 왜냐하면 사람들 모두가 바르게 살고 있으니까요.

★ 루소(J.J.Rousseau) 프랑스 철학자이다. 대표적인 사회계약론자로 계몽주의와 프랑스 혁명에 큰 영향을 끼쳤다. 『에밀』, 『인간불평등기원론』, 『고백록』 등의 저서가 있다.
★ 순자(荀子) 중국의 사상가로 맹자(孟子)의 성선설(性善說)을 비판하여 성악설(性惡說)을 주장했다.
★ 홉스(Thomas Hobbes) 영국의 철학자. 국가와 왕권의 출현을 "만인의 만인에 대한 투쟁"인 자연상태에서 벗어나기 위한 사회계약이라 주장했다.

하지만 이렇게 착한 사람들도 세상을 살다보면 변할 수 있어요. 깨끗한 거울에 때가 끼는 것처럼, 사람의 마음에 욕심이라는 때가 끼어 원래 가지고 있던 순수하고 착한 마음을 잃어버릴 수 있는 거죠. 마음의 때를 벗겨서 본래의 순수한 마음으로 돌아가게 만들기 위해서 도덕 교육이 필요한 거예요.

한편, 순자*나 홉스*처럼 사람의 본래 마음은 악하다고 주장하는 사람들도 있어요. 이것을 '성악설'이라고 해요. 배가 고픈 사자가 다른 동물을 잡아먹는 것처럼 사람들도 틈만 나면 다른 사람의 것을 빼앗으려 하는 악한 존재라는 것이지요. 이런 사람들이 모여 사는 사회는 어떨까요? 서로가 서로의 것을 빼앗고 해치려고 한다면 모두가 불안하겠죠. 홉스는 '인간은 인간에 대한 늑대다'라는 말을 하면서 법과 도덕이 없다면 사람들은 모두 서로를 해치려 할 테고, 세상은 전쟁터와 같아진다고 했어요.

이렇게 사람들이 본래부터 악하다면 법과 도덕은 사람들에게 꼭 필요해요. 설령 그것이 사람들을 불편하게 하고 심지어는 괴롭히는 것이라고 해도 말이지요. 이 경우 법과 도덕은 말로 가르치고 타이르기보다는 매와 벌로 위협하는 게 더 효과적일 거예요. 그래서 홉스는 사람들에게 필요한 법과 도덕을 담당하는 국가를 '리바이어던*'이라는 괴물에

비유했어요. 거대하고 흉포한 괴물 리바이어던처럼 국가는 백성들을 강력하게 다스려야 한다고 주장했지요.

홉스는 아마도 심하게 말썽을 부리는 어린아이를 보면 '몽둥이가 약이다'라고 말하며 회초리를 찾지 않을까 싶네요.

> ✱ 리바이어던(Leviathan)
> 성경에 등장하는 거대한 바다 괴물. 홉스의 책 표지에서는 왕을 머리로 하고 시민들을 몸으로 하며, 칼과 왕홀을 쥔 거대한 괴물의 삽화로 그려진다.

도덕 공부가 사람을 착하게 만들까요?

사람이 태어날 때부터 착하거나 나쁜 성향을 타고 나는 게 아니라는 주장도 있어요. 대표적인 것이 고자✱의 성무선악설과 영국의 철학자 로크✱의 백지이론이에요.

로크에 따르면 사람이 태어날 때는 본래 아무것도 쓰이지 않은 하얀 종이와 같은 상태였어요. 하얀 종이를 빨간

> ✱ 고자(告子) 중국 전국시대 제(齊)나라의 사상가이다. '사람의 본성은 본래 선도 아니고 악도 아니며, 다만 교육하기 나름으로 그 어느 것으로도 될 수 있다'는 성무선악설을 주장했다.
> ✱ 로크(John Locke, 1632~1704) 영국의 철학자이다. 사회계약론을 주장하여 미국 독립혁명에 큰 영향을 끼쳤다.

색으로 염색하면 빨간 색종이가 되고, 노란색으로 염색하면 노란 색종이가 되는 것처럼 사람은 어떻게 자라고 무엇

을 배우는가에 따라 착한 사람이 될 수도 있고, 나쁜 사람이 될 수도 있다는 것이지요. 이 경우에도 도덕을 배우는 일은 무척 중요한 일이에요. 도덕을 배우지 않고 세상을 살다 보면 세상의 온갖 나쁜 일에 물들어 악인이 될 테니까요. 마치 하얀 종이에 검은 먹물이 튀는 것처럼요.

사람의 본성이 어떻게 타고나는지는 정확하지 않습니다. 하지만 어떻게 태어나든 공통적인 게 있어요. 착한 사람이 되려면 도덕을 배워야 한다는 것이죠. 사람이 본래 착하다면 나빠지지 않도록, 사람의 본래 나쁘다면 착해지도록, 아무것도 결정되어 있지 않다면 착한 행동을 보고 배울 수 있도록 도덕을 배워야 한다는 것이지요.

그래서인지 소크라테스와 플라톤 같은 그리스 철학자들은 사람이 '몰라서' 잘못을 저지르는 것이지 '알기만' 하면 잘못된 행동을 하지 않는다고 생각했지요. 간디와 테레사 수녀와 같은 위인들의 삶을 배우는 이유도 단지 시험 문제를 풀기 위해서가 아니에요. 위인들의 생각과 행동을 보고 배워 그들처럼 생각하고 행동하는 사람으로 자라길 바라는 것이지요. 여기서 '안다'는 것은 도덕적으로 살아간 사람들의 이야기를 외우고 있다거나 철학자의 이론을 알고 있다는 뜻이 아니에요. 스스로 도덕적으로 사는 방법이 무엇인지 안다는 뜻이지요.

우리나라와 중국 등 동양에 큰 영향을 미친 유교에서는 '효'를 매우 중요한 도덕규범으로 생각해요. 물론 서양에서도 '미녀와 야수'에 등장하는 효녀 '벨'과 같은 이야기가 없는 것은 아니지만, 우리나라나 중국처럼 부모님을 모시기 위해 노비가 된다든지 병든 부모님을 살리기 위해 자신의 손가락이나 허벅지를 잘라 피를 먹이는 열렬한 효자나 효녀의 이야기는 없지요. 심지어 너무 가난한데 어린 자식이 늙은 어머니의 음식을 빼앗아 먹는 것이 안타까워 자식을 산에 버리려 한 손순의 이야기도 전해지고 있어요.

'효'라는 것은 우리가 꼭 지켜야 하는 중요한 도덕규범인 것은 틀림없어요. 하지만 어떻게 하는 것이 진정한 효도일까요? 자기 때문에 어린 손자를 산에다 버리려 한 것을 손순의 부모가 알게 된다면 결코 편하게 음식을 먹지 못할 거예요. 부모님의 마음은 헤아리지 못하고 단지 부모님이 굶지 않도록 모시는 것만이 진정한 효도라 할 수 있을까요?

어느 날 왕이 소문난 효자가 있다는 이야기를 듣고 몰래 찾아가 보니, 젊은 아들이 늙은 홀어머니를 모시고 살고 있었어요. 나무꾼인 아들은 매일 산에 올라 나무를 베어다가 시장에 팔면서 가난하게 살고 있었는데, 아들이 시장에서 돌아와 집으로 들어서자 늙은 어머니가 나오더니 아들을 마루에 앉히고 물을 떠다 발을 씻겨 주는 것이 아니겠어요. 그 모습을 본 왕은 화가 나서 "네 이놈! 효도는 부모님을 잘 모시는 것이라고 배우지도 않았느냐. 어찌 늙은 어머니에게 발을 씻기게 하느냐"라며 크게 혼을 냈지요. 그러자 나무꾼은 "저는 가난하고 무식해서 효도에 대해서 배우지 못했지만, 효도는 어머니가 하고 싶어 하는 일, 좋아하

는 일을 하시도록 마음을 편하게 해드리는 것이라고 생각합니다"라고 대답했어요. 왕이 '배운' 효도와 나무꾼의 '생각한' 효도, 어느 것이 진정한 효도일까요?

우리는 학교에서 많은 도덕규범을 배웁니다. 부모님께 효도해야 하고, 나라에 충성해야 하고, 어른들에게는 공손해야 하고, 친구 사이에는 사이좋게 지내야 한다는 등등…….

하지만 이런 규범은 단지 달달 외워서 알고 있는 것만으로 끝나는 게 아니에요. 잘 외워서 도덕이나 윤리 시험에서 100점을 받는다고 도덕적으로 훌륭한 사람이 되지도 않지요. 도덕규범을 실천하고, 도덕적인 사람이 되기 위해서 꼭 필요한 것은 스스로 생각하는 것입니다.

악당은 태어날 때부터 악당으로 정해져 있을까요? 나쁜 행동을 하는 사람 중 상당수가 불행한 과거를 경험했어요. 끼니를 해결하기도 어려울 정도의 심각한 가난, 술에 취해 폭력을 휘두르는 아버지, 호시탐탐 남의 것을 빼앗으려는 이웃…… 하지만 불행한 경험을 했다고 해서 모두 나쁜 사람으로 자라는 것은 아니에요.

끼니때면 아줌마들이 붉은 죽을 퍼서, 아이 한 명당 딱 한 사발씩 주었다. 특별한 날이라야 조그만 빵 한 조각을 더 줄 뿐이었다. 그릇은 닦을 필요가 없었다. 아이들은 숟가락으로 그릇이 반들거리며 윤이 날 때까지 닦아 먹었다. 그러고 나서 아이들이 얼마나 간절히 솥단지를 쳐다보는지 단지를 받친 벽돌을 삼킬 듯했다.

이 장면은 영국 작가 찰스 디킨스의 소설 『올리버 트위스트』에서 주인공 올리버가 자란 고아원을 묘사한 장면이에요. 눈물이 날 정도로 슬프고, 도와주고 싶다는 생각이 들지요. 하지만 당시의 사람들은 그렇게 생각하지 않았어요. 가난한 고아들을 이런 고아원에 가두어 두고 도망치지

못하게 감시해야 한다고 생각했지요. 가난한 아이들을 밖에서 자유롭게 살게 두면 범죄자가 될 것이라고 생각했기 때문이에요. 그래서 어둡고 좁은 골방에 가두어 밥을 굶겨서라도 직원들이 시키는 대로 말없이 따르는 사람으로 만들어야 한다고 생각했지요.

어느 날 올리버가 배가 고픈 친구들을 대표해서 음식을 더 줄 것을 요청했어요. 고아원에서는 마치 큰일이라도 난 듯이 고아원 위원회를 소집해서 규칙을 지키지 않는 아이는 제대로 된 사람으로 자랄 수 없다는 결론을 내리죠. 그러고는 올리버를 5파운드에 일꾼으로 팔아버렸어요. 그곳에서 올리버는 남은 개밥을 먹으며 힘들게 일을 하다 억울한 누명을 쓰고 도망을 다니는 처지가 되지요. 런던으로 간 올리버는 소매치기 패거리에 들어가게 됩니다. 악랄한 두목은 올리버에게 소매치기 기술을 가르쳐 도둑으로 만들려고 했지만 올리버는 그런 나쁜 짓을 할 수가 없었어요.

부모도 없이 버려진 올리버는 항상 배고픔과 가난에 고통받았지요. 당시 대부분의 사람들은 이렇게 불행한 환경에서 자란 아이들은 범죄자가 될 것이라고 생각했어요. 하지만 올리버는 이런 가난과 불행 속에서도 항상 착하게 살려고 노력했어요. 고아원에서도 배가 고픈 친구들을 위해 앞

으로 나서서 저항했고, 소매치기 패거리에서도 매를 맞으면서도 도둑질을 하지 않지요.

　이런 그의 모습은 당시 사람들에게 큰 충격이었지요. 『올리버 트위스트』는 가난과 범죄가 같은 것이라고 생각했던 사람들에게 그렇지 않다는 것을 깨닫게 해 주었지요.

　이제 사람들도 알게 되었어요. 쓰레기통에서도 장미가 필 수 있듯이, 가난하고 불행하다고 악인이 되는 것이 아니라 어떤 사람이 되는가는 본인의 의지에 달려 있다는 것을요.

6장

왜
도덕이
중요할까요?

손해 보지 않으려면 착하게 살면 안 될까요?

많은 사람들은 오늘날 우리나라 청소년들이 착하지 않다고 걱정하고 있어요. 실제로 '10억 원이 생긴다면 죄를 짓고 1년 정도 감옥에 가도 괜찮을까'라는 질문에 고등학생은 47%, 중학생은 33%, 초등학생도 16%가 그래도 좋다고 답을 했다고 하니, 괜한 걱정만은 아닌 것 같아요. 또 '부자가 되는 것과 정직하게 사는 것 중 어느 것이 더 중요한가'라는 질문에는 40%가 넘게 부자가 되는 것을 택했고, '거짓말을 하고 부패한 사람과 그러지 않는 사람 중 인생에서 더 성공할 사람은 누구인가'라는 질문에는 절반 이상이 거짓말을 하고 부패한 사람을 꼽았다고 해요. 범죄를 저질러서라도 부자가 되고자 하는 학생들이 많다는 이런 결과를 보면, 물질만능주의에 물드는 것을 걱정하지 않을 수 없겠지요.

그뿐만이 아니에요. '이웃의 어려움과 관계없이 나만 잘 살면 될까'라는 질문에는 초등학생 19%, 중학생 27%, 고등학생은 36%가 '그렇다'고 대답했고, 또한 '참고서를 빌려 주기 싫어서 친구에게 없다고 거짓말을 한 적이 있다'는 질문에 각각 초등학생 26%, 중학생 42%, 고등학생 46%가 '그렇다'고 대답했다고 합니다. 이런 것을 보면 나만 잘되면 된다는 이기주의적인 생각을 하는 사람들이 많아지고 있다는 것을 알 수 있어요.

　이렇게 물질만능주의와 이기주의에 물든 사람들이 가득한 세상에서 혼자만 착하고 정직하게 살아가는 것은 참으로 어려운 일이에요. 융통성 없는 바보라고 손가락질 받거나, 순진해서 속이기 쉽다고 생각해서 사기의 대상이 되기도 쉽지요. 결국 트라시마코스의 주장대로 '강자의 이익'을

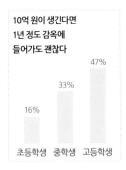

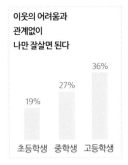

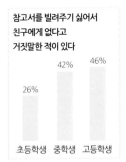

조사기관: 흥사단 투명사회운동본부(2013)

위해 열심히 속임을 당하거나 괴롭힘을 당하는 약자가 되지 않겠어요?

예를 들어 세금을 낼 때, 자신이 내야 하는 세금을 정직하게 다 내는 성실하고 착한 사람이 있는가 하면, 이리저리 법을 피해 다니며 조금이라도 더 세금을 내지 않으려고 약삭빠르게 행동하는 사람들도 있어요. 그러면 부족한 세금은 어디에서 보충해야 할까요? 정직하게 세금을 낸 사람들에게 걷는 세금을 올릴 수밖에 없겠죠. 결국 착하고 성실한 사람들만 손해를 보게 되는 것이지요.

동화나 옛이야기에는 착한 일을 하는 사람에게는 하늘이 복을 주고, 그렇지 않은 사람에게는 하늘에서 벌을 내려요. 하지만 오늘날 우리가 사는 세상에서 다시 동화의 결말을 쓴다면 '흥부는 쫄딱 망하고, 놀부는 오래오래 행복했답니다. 거리로 쫓겨난 백설공주는 힘들게 살아가고, 계모는 새로운 왕과 행복하게 살았답니다'라고 해야 하지 않을까요? 착한 사람은 손해를 보고, 악한 사람은 이익을 보는 게 지금 우리가 사는 세상의 모습이니까요.

도덕적으로 살면 성공하기 어렵나요?

옛날 중국, 춘추 시대 때의 일이에요. 초나라는 멀리 떨어진 신나라와 전쟁을 벌이기로 하고, 중간에 있는 등나라의 왕에게 군대가 지나가게 해달라고 부탁을 했어요. 등나라의 왕 기후는 초나라 왕의 삼촌이었기 때문에 아무 걱정 없이 조카의 부탁을 들어주기로 했지요. 하지만 등나라의 신하들은 초나라가 신나라와 전쟁을 해서 이기면, 다음에는 등나라를 공격할 것이라고 생각해서 반대했어요. 삼촌과 조카라고는 하지만, 힘이 센 나라가 힘이 약한 나라를 정복하는 것이 당연한 시대였기 때문에 초나라가 더 강해지면 힘이 약한 등나라를 욕심낼 것이 분명했거든요. 하지만 착한 성품으로 유명한 기후는 "조카가 삼촌을 공격하다니, 그런 일이 일어날 리 없지 않은가"라며 신하들의 반대를 크게 걱정하지 않았어요. 하지만 십 년 후에 신하들의 우려대로 초나라는 방심하고 있던 등나라를 갑자기 공격하여 쉽게 멸망시키고 말았지요. 착하기만 했던 기후는 등나라의 왕으로 적합하지 않았던 것이지요.

이런 경우에서 보더라도 도덕적인 사람이 반드시 성공하는 것은 아니에요. 오히려 도덕적으로 살면 출세하지 못하거나, 돈을 벌지 못하는 경우가 더 많다고 생각하지요. 그럼, 성공하려면 착하게 살면 안 되는 것일까요? 성공하려면 어쩔 수 없이 나쁜 사람이 되어야 할까요?

우리나라 사람들이 세종대왕을 가장 훌륭한 왕으로 꼽는 것처럼 중국 사람들은 당태종 이세민을 중국 최고의 왕으로 꼽아요. 당태종은 중국의 땅을 크게 넓히고 부유하게 만든 왕이었어요. 그래서 그가 다스리던 시대를 최고의 시대라고 생각하고, 그의 정치 철학을 설명한 책 『정관정요*』

★ 정관정요(貞觀政要) 중국의 가장 유명한 황제인 당태종 이세민(李世民)의 정치 철학을 내용으로 한 책.

는 중국뿐만 아니라 우리나라와 일본에서도 정치를 하는 사람이 꼭 읽어야 하는 책으로 유명했지요.

하지만 당태종은 자기 형제들을 죽이고 왕위에 오른 매우 끔찍한 악인이에요. 둘째 아들이었던 그는 왕이 되고 싶은 욕심에 형과 동생을 죽였어요. 심지어 죽은 형과 동생의 목을 잘라 성문에 내걸기까지 했다고 하네요. 아무리 왕위가 탐이 났다고 해도 자기 피붙이를 잔인하게 죽이다니…… 당태종을 존경하는 사람들은 이런 것을 알고나 있을까요?

성공하기 위해서는 능력만 갖추면 되는 것인지, 아니면 도덕성도 갖춰야 하는 것인지는 오랫동안 많은 사람들을 괴롭힌 문제였어요. 당태종의 경우나 등나라 왕이었던 기후의 경우를 비롯한 많은 역사적 사실과 경험 때문인지 많은 사람들이 성공을 하는 데에는 도덕성보다 능력이 중요하다고 생각해요. 심지어 도덕적이고 착한 사람은 성공하기 어렵다고 생각하기도 하지요.

그런데, 정말 그럴까요?

도덕성은 성공의 필수 요소

이렇게 보면 정말 착하게 사는 게 손해를 보는 것 같아요. 하지만 다행히 착하고 성실한 사람들에게 희망을 주는 연구가 있어요. 와튼스쿨 최연소 종신교수가 된 심리학자 애덤 그랜트(Adam M. Grant)는 사람의 유형을 기버(giver)와 테이커(taker), 매처(matcher)로 나누었어요. '기버'는 받기보다 베풀기를 좋아하는 착한 사람들로, 늘 자신이 다른 사람들을 위해 해 줄 것이 없는지 생각하는 사람이에요. 반면에 '테이커'는 다른 사람에게 무엇을 주기보다는 얻어 내거나 빼앗으려고 하는 사람들이죠. '매처'는 공평한 사람들로 자신에게 이익을 주는 사람들에게 잘해 주고, 자신을 이용하려는 사람들에게는 '이에는 이, 눈에는 눈'이라는 생각으로 받은 만큼 돌려주는 사람들을 말해요.

착한 사람이 손해를 본다는 앞의 내용을 바탕으로 생각하면 이 셋 중 가장 손해를 보는 사람은 기버일 거예요. 반면 가장 성공할 수 있는 사람은 대부분 테이커라고 생각하겠죠. 하지만 많은 사례를 조사한 애덤 그랜트의 연구에 따르면 자신의 이익보다 다른 사람의 이익을 먼저 생각하는 기버가 더 성공할 가능성이 높다고 해요. 다른 사람들의 입장에서 본다면 나쁜 행동을 하는 테이커보다는 착한 기버를 더 신뢰하고 그에게 보답하려 하기 때문이에요.

예를 들어 손님에게 상품을 파는 일을 하는 사람의 경우를 생각하면, 손님을 속여서라도 팔려는 테이커가 가장 많은 물건을 팔 것이라고 생각하겠지만 뜻밖에도 오랫동안 가장 많은 상품을 파는 것은 기버입니다. 왜냐하면 테이커의 경우 눈앞의 손님을 속여 당장은 물건을 팔 수 있겠지만, 한번 당한 손님은 다시는 그를 찾지 않을 것이고, 심지어 주위 사람들에게도 소문을 낼 테니까요. 결국 테이커들은 당장은 성공할 수 있겠지만, 결국은 지속적으로 판매에 성공하기는 어려울 거예요.

반면에 기버에게 상품을 산 손님은 기분이 좋아 다음에도 찾아올 것이고, 다른 손님들에게도 추천하겠지요. 결국 오랫동안 비교해 보면 성공한 사람은 기버가 되는 것입니다. 특히 요즘처럼 교통과 통신이 발달한 사회에서는 베푸는 일이 더욱 중요해졌어요. 어떤 사람이 착한 사람이고 나쁜 사람인지 쉽게 알 수 있기 때문이지요.

100미터를 잘 뛰는 사람이 마라톤도 잘하는 것은 아닙니다. 테이커가 100미터까지는 빨랐다고 해도, 인생처럼 오랫동안 뛰어야 하는 마라톤에서는 기버가 승리할 거예요.

어느 신문사에서 '리더가 갖추어야 할 것'이 무엇이라 생각하는지 설문조사를 했어요. 그 결과 13.9%로 1등을 한 것은 '도덕성'이었지요. 8.6%로 2등을 한 것도 '정직'이었고, 그다음에도 신뢰, 청렴, 배려 등이 뽑혔어요. 또 많은 리더들이 능력이나 자신감보다 도덕성이나 예의, 정직 등을 리더에게 필요한 조건으로 우선순위에 올렸어요. 왜 리더에게 도덕성이 필요한 것일까요?

도덕성과 경쟁력의 연관성에 관한 재미있는 실험이 있어요. 12명의 아이들에게 눈을 가리고 다트 게임처럼 표적을 맞히는 게임을 시켰는데, 맞히는 숫자만큼 선물을 주겠다고 약속을 했지요. 6명의 아이들은 눈가리개를 걷지 않고 정직하게 게임을 했고, 다른 6명의 아이들은 살짝살짝 눈가리개를 벗겨 내고 반칙을 하면서 게임을 했어요. 당연히 점수는 반칙을 써서 게임을 한 아이들이 높았고, 선물도 그 아이들이 많이 받았어요. 여기까지만 보면 착하고 정직하게 사는 게 손해인 것처럼 보이죠.

하지만 이 게임의 목적은 누가 더 많은 표적을 맞히는지 알아보는 것이 아니었어요. 실험에 참가했던 아이들을 분석해 보니, 정직하게 게임을 했던 아이들은 대부분 집중력이 높고 친구들과의 관계도 좋았어요. 반면 반칙을 했던 아이들은 말썽도 자주 부리고 친구들과 다툼도 잦았던 아이들이었지요. 심지어 정직한 아이들은 시험 점수도 더 높았고, 주위 사람들이나 친구들에게 더 인정받고 있었어요. 만약 반장을 뽑는다면 이 아이들이 반장으로 뽑힐 가능성이 더 높겠지요. 이 실험을 진행한 교수는 이 실험을 통해 "도덕적인 아이가 경쟁력이 높다"라는 결론을 내렸지요.

이와 비슷하지만 훨씬 더 유명한 실험으로 '마시멜로 실험'이라는 것이 있어요. 평균 5살 정도의 아이들을 혼자 방에 두고, 식탁 위의 마시멜로 한 개를 15분 동안 참고 먹지 않으면 3개를 더 준다고 약속했어요. 참을 수 없어서 바로 먹더라도 혼을 내지 않겠다고도 했지요. 약 천 명 정도의 아이들을 대상으로 실험을 했는데, 3명 중 2명의 아이들이 참지 못하고 마시멜로를 먹어 버렸어요. 5살 아이에게 먹고 싶은 것을 참는 것은 어려운 일이었겠지요.

이후 실험에 참가한 아이들이 어떻게 자랐는지 18살쯤에 조사했어요. 마시멜로를 먹지 않고 참았던 아이들이 집중력과 참을성이 높아 공부도 훨씬 잘했고, 친구나 부모 등 주위 사람들과의 관계도 훨씬 좋다는 결과가 나왔어요. 이는 성공할 가능성이 큰 조건이지요. 이처럼 유혹을 참아낼 수 있는 능력을 '만족지연능력'이라고 하는데 이는 도덕적인

능력 중 하나예요.

이 두 연구에 따르면 도덕성이 높을수록 성공할 확률이 높다는 결론을 얻을 수 있어요. 이처럼 도덕성은 성공에 방해되는 요소가 아니라 오히려 성공에 필수조건인 셈이지요.

아름답고 건강한 사회를 위한 도덕

많은 이론에서 이기주의는 사람의 본성이기 때문에 벗어날 수 없는 것이고, 한편으로는 인간이 이기적이기 때문에 사회를 발전시킬 수 있다고 해요. 사람들이 각자 자기의 욕심을 채우기 위해 열심히 일하는 것이고, 그 결과 사회가 더욱 발전한다는 것이지요.

하지만 이러한 생각은 무척 위험해요. 더 잘살기 위해 욕심을 부리는 과정에서 사회가 발전한다고 여기기 때문에 극단적으로 힘과 능력이 있는 사람이 그렇지 못한 사람의 것까지 가지는 게 당연하다는 생각으로 이어질 수 있기 때문이죠.

하지만 인간은 이기적으로 눈앞의 욕심만으로 살아갈 수 없어요. 그것은 앞서 살펴보았던 '호혜성 이타주의'라는 이론을 통해서도 알 수 있죠. 사람이든 동물이든 혼자서 살수 없어요. 동물은 무리를 지어 생활하고 사람은 사회를 이루고 살아가지요. 이렇게 혼자가 아닐 때 다른 사람이나 동물에게 미움을 받을 수 있게 만드는 이기적인 행동보다는 이타적인 행동이 훨씬 자신에게 도움이 됩니다.

예를 들어 중남미 열대에 서식하는 흡혈박쥐는 밤마다 소나 말과 같은 큰 동물의 피를 빨아 먹는데 사흘 이상 굶으면 죽는다고 해요. 그래서 흡혈박쥐들은 굶어 죽을 것 같은 동료가 생기면 자신의 피를 빨아먹을 수 있도록 해 주고, 또 자신이 굶어 죽을 위기에 처하면 다른 흡혈박쥐에게서 피를 얻어먹기도 하죠. 이렇게 하지 않으면 3년을 살기 힘들지만, 서로 피를 나누어 주는 덕분에 15년 이상을 살기도 한다는군요.

이처럼 희생하고 양보하는 행동이 당장에는 손해처럼 느껴지더라도 장기적으로 보면 함께 잘살게 되는 결과를 이룰 수 있어요.

약삭빠르게 남을 이용하거나 심지어 범죄를 저질러서라도 자신의 이익을 위해 추구하는 것이 더 낫다고 생각하는 사람들이 많아지고 있어요. 하지만 누구도 악한 사람이 많은 사회에서 살고 싶진 않을 거예요. 이런 사회에서는 모두

가 모두를 의심의 눈초리로 바라보게 될 것이고, 혹시나 이용당하거나 피해를 입지는 않을까 전전긍긍하겠지요. 이런 사회는 불안과 걱정이 가득한 병든 사회입니다.

플라톤은 선은 건강으로, 악은 질병으로 설명했어요. 선하다는 것은 신체와 정신이 건강한 것이고, 악하다는 것은 신체와 정신이 병든 것이지요. 또한 선은 아름다움이고, 악은 추한 것이에요. 병이 들고 허약해지는 것을 좋아하는 사람은 없어요. 건강하고 아름다운 것을 바라지 않는 사람도 없지요.

마찬가지로 정신의 질병, 즉 악은 우리가 살아가면서 피해야 할 일이에요. 그리고 정신의 건강, 착하게 사는 것은 우리가 추구해야 할 것이지요. 그렇기 때문에 '착한 사람은 손해만 보니까, 착하지 않아야 살아남는다'는 말은 커다란 잘못입니다. 이 말은 마치 건강한 사람에게 병에 걸려야 한다고 말하는 것과 같기 때문이지요.

이와 같이 동물이나 사람이나 '함께' 살아가는 존재이기 때문에 타인을 배려하고 서로 도움을 주는 행동을 하는 것은 당연한 일입니다. 이기주의는 오직 '나'만을 위한 것이에요. 하지만 로빈슨 크루소처럼 혼자서 사는 것이 아닌 이상 오직 자신만을 위해 살 수는 없어요.

맹자는 우물에 빠질 것 같은 아이를 보면 누구나 그 아이를 구하고 싶어 한다고 말했어요. 사람의 마음속에는 다른 사람의 고통을 자신의 고통처럼 느끼는 측은지심이라는 마음이 있기 때문이지요. 서양의 철학자 흄이나 애덤 스미스는 사람에겐 '동정심' 혹은 '공감'이라는 마음이 있다고 했죠. 이 역시 다른 사람이 겪는 고통을 마치 내가 겪는 고통처럼 상상하게 되는 능력이에요.

이처럼 사회 속에서 다른 사람과 함께 살아가는 우리가 오직 자신만을 위해서 산다는 것은 오히려 측은지심과 동정심 같은 자연스러운 마음을 거스르는 일입니다. 그렇기 때문에 '나'만을 생각하며 사는 것이 아니라 '우리'가 함께 살아가는 방법을 고민해야 하는 것입니다.

사람은 무엇으로 사는가?

가난하지만 착한 구두장이 시몬은 어느 추운 겨울날 길에서 벌거벗은 채 쓰러져 있는 사람을 발견합니다. 시몬은 그 사람이 얼어 죽을까 봐 자신의 외투를 입혀서 집으로 데려왔어요. 시몬의 부인은 누구인지도 모르는 낯선 사람을 데

려온 것에 화가 났지만, 그 사람이 불쌍해 보여 소박한 식사를 차려 주었지요. 집에 오는 내내 슬픈 표정을 짓던 그 사람은 따뜻한 식사를 대접받으며 잠깐 아름다운 미소를 지었습니다.

그날부터 그 사람은 시몬의 조수로 구두 만드는 것을 배우면서 함께 살게 되었습니다. 미하일이라는 이름도 얻은 그는 놀랍게도 금세 뚝딱뚝딱 구두를 만들어 냈고, 조금 지나자 시몬보다 훨씬 구두를 잘 만들었어요. 미하일이 만든 구두가 인기를 끌자 시몬과 미하일은 많은 돈을 벌게 되었습니다.

어느 날 아주 화려한 옷을 입은 귀족이 가게에 와서는 오만한 말투로 1년을 신어도 튼튼한 구두를 만들어달라고 주문했습니다. 만약 제대로 만들지 못하면 큰 벌을 내리겠다는 호통과 함께 말이죠. 시몬은 일을 제대로 해내지 못하면 어떡하나 걱정을 하고 있는데 미하일은 귀족을 잠깐 본 뒤 미소를 지으며 구두가 아닌 장례식 때 쓰이는 슬리퍼를 만들기 시작했어요. 그리고 잠시 뒤 귀족의 하인이 돌아와 귀족이 돌아가는 길에 마차에서 죽었다는 것을 알렸어요. 그리고 구두 대신 장례식에 쓸 슬리퍼를 주문했지요. 시몬은 미하일이 이상하다는 생각이 들었지만 이내 운이

좋았다고 생각하고 말았지요.

그 뒤 어느 날, 한 부인이 두 아이를 데리고 가게를 찾아왔습니다. 부인은 아이들의 가죽신을 주문했는데, 아이들을 본 미하일이 슬픈 표정을 짓는 것이 아니겠어요. 그 모습을 본 시몬은 이상하게 생각하며 부인에게 아이들에 대해 물어보았습니다. 그 아이들은 부인의 친자식이 아니고, 이웃에 살던 아이들이었지요. 아이들의 엄마가 갑자기 죽어 대신 키우고 있었던 거예요. 친자식이 일찍 죽어 많이 외로웠던 부인은 두 아이를 자기 자식처럼 소중하게 키우고 있었어요. 남의 아이를 사랑으로 키우는 부인을 보며 미하일은 세 번째로 아름다운 미소를 지었습니다.

부인과 두 아이들이 가고 나서, 미하일은 시몬에게 이제 하나님의 용서를 받아 하늘로 돌아갈 수 있게 되었다고 말했어요. 그 순간 방 안이 환해지며 미하일은 천사의 모습으로 바뀌었죠. 시몬은 크게 놀라며 왜 벌을 받게 되었는지 물었어요. 미하일은 자신은 죽은 사람의 영혼을 데려가는 천사인데, 6년 전 두 아이의 엄마를 데리러 왔을 때, 아이들의 엄마가 자신이 죽으면 이 두 아이도 죽을 것이라며 울며 애원하는 모습에 마음이 약해졌기 때문에 벌을 받게 되었다고 대답했어요. 하나님은 미하일에게 날개를 빼앗고 땅으로 내려 보내면서, '사람의 마음속에는 무엇이 있는가?', '사람에게 주어지지 않은 것은 무엇인가?', '사람은 무엇으로 사는가?'라는 세 가지 질문에 대한 답을 알게 되면 용서를 받을 수 있다고 했지요. 미하일은 불쌍한 사람을 따뜻하게 대해 준 시몬에게서 사람의 마음속에는 '사랑'이 있다는 것을 알게 되었고, 곧 죽을지도 모르고 오만한 귀족을 보며 사람에게는 '자신에게 정말 필요한 것이 무엇인지 아는 것'이 주어지지 않았음을 알게 되었지요. 그리고 엄마가 죽었음에도 불구하고 부인의 보살핌을 받으며 살아가는 두 아이의 모습을 보며 사람은 '사랑'으로 산다는 것을 깨달았어요.

이 이야기는 톨스토이의 『사람은 무엇으로 사는가』의 내용이에요. 이 작품은 많은 사람들에게 사랑의 의미를 되새겨 주었어요.

태어날 때부터 걷고 뛸 수 있는 동물과 달리 사람은 부모님의 사랑이 없이는 제대로 살아갈 수 없어요. 부모님의 사랑뿐인가요? 가족, 친구 등 주변의 많은 사람들에게 끊임없이 사랑을 받고 살아가지요. 그렇다면 우리가 받은 사랑은 어떻게 돌려줘야 할까요?

도덕이 중요한 이유는 우리가 사회 속에서 다른 사람들

을 배려하고 함께 살아가기 위해 지켜야 하는 것이자 이것
이 우리가 받은 사랑을 돌려주는 방법이기 때문이랍니다.

만약 갑자기 하느님이 나타나 무엇이든 들어주겠다며 소원을 묻는다면 무엇을 말할 건가요? 맛있는 음식을 달라고 할까요, 좋은 집을 달라고 할까요, 아니면 산더미처럼 많은 돈을 달라고 할까요? 혹은 평생 아프지 않고 건강하게 해달라거나 행복하게 해달라고 빌 수도 있겠지요.

우리가 바라는 것은 참 많아요. 너무 많아서 어떤 것을 빌지 생각하느라 한참을 망설일지도 모르겠네요. 그런데 이렇게 우리가 생각할 수 있는 소원들은 모두 나 자신을 위한 소원이지요. 하느님이 소원을 들어준다는데 내가 아니라 남을 위한 소원을 비는 '바보'는 없겠지요? 하지만 세상에는 평생 자기 자신보다는 남을 위해 살아간 '바보'들이 있답니다.

네 소원이 무엇이냐 하고 하느님이 내게 물으시면, 나는 서슴지 않고 "내 소원은 대한 독립이오." 하고 대답할 것입니다. 그다음 소원은 무엇이냐 하면, 나는 또 "우리나라의 독립이오." 할 것이요, 또 그다음 소원이 무엇이냐 하는 세 번째 물음에도, 나는 더욱 소리를 높여서 "나의 소원은 우리나라 대한의 완전한 자주독립이오." 하고 대답할 것입니다. 나 김구의 소원은 이것 하나밖에는 없습니다. 내 칠십 평생을 이 소원

을 위하여 살아왔고, 현재에도 이 소원 때문에 살고 있고, 미래에도 나는 이 소원을 위해 살 것입니다.

하느님 앞에 세 번이나 우리나라의 독립을 말한 김구는 평생을 바보처럼 자신보다는 나라를 위해 살았어요. 어려서부터 나라를 걱정했던 김구는 일본의 식민지가 되자, 중국의 상하이로 건너가 안창호, 이승만 등의 독립운동가들과 함께 우리나라의 독립을 위해 싸웠습니다. 일본 왕을 암살하려 했던 이봉창 의사, 상하이 홍커우 공원에서 도시락 폭탄을 던져 일본군 사령관 등을 죽인 윤봉길 의사의 의거를 이끌기도 했지요.

광복군을 훈련시켜 일본과 싸울 준비를 하던 중 1945년 8월 15일 일본이 항복했다는 반가운 소식을 듣게 되지요. 하지만 일본이 항복한 이후에도 우리나라는 진정한 독립을 맞지 못했어요. 전쟁에서 이긴 미국과 소련의 연합군이 남북으로 나누어 신탁통치를 하게 되었고, 결국 남과 북으로 나뉘게 되었지요. 김구 선생은 우리나라에 돌아와 국가가 분단되는 것은 안 된다며 신탁통치에 반대했고, 생을 마감할 때까지 끊임없이 통일된 하나의 국가를 만들기 위해 노력했지요. 결국 김구는 평생을 우리나라의 자주 독립을 위해 살았답니다. 자신의 인생을 조국을 위해 바친 김구의 노력이 없었다면 독립도 이루지 못했을 거예요.

이처럼 자신보다 남을 위해 살아가는 사람들이 있습니다. '바보'라는 생각이 들 수도 있지만 우리는 이런 '바보'들 덕분에 행복하게 살아갈 수 있다는 것을 잊지 말아야겠지요.